AUTORES:

JOSÉ MARÍA CAÑIZARES MÁRQUEZ
CARMEN CARBONERO CELIS

COLECCIÓN OPOSICIONES MAGISTERIO: EDUCACIÓN FÍSICA

CONCEPTO DE EDUCACIÓN FÍSICA:
EVOLUCIÓN Y DESARROLLO DE LOS DISTINTOS CONCEPTOS.
(VOLUMEN 1)

WANCEULEN
EDITORIAL DEPORTIVA

COLECCIÓN OPOSICIONES MAGISTERIO: EDUCACIÓN FÍSICA

VOLUMEN 1.

CONCEPTO DE EDUCACIÓN FÍSICA: EVOLUCIÓN Y DESARROLLO DE LOS DISTINTOS CONCEPTOS.

AUTORES

José Mª Cañizares Márquez

- Catedrático de Educación Física
- Tutor del Módulo del Practicum del Master de Secundaria
- Especialista en preparación de opositores
- Autor de numerosas obras sobre Educación y Preparación Física

Carmen Carbonero Celis

- D. E. A. en Instituciones Educativas
- Licenciada en Pedagogía
- Maestra de Primaria y Secundaria en centros de Educación Compensatoria
- Didacta presencial del Módulo de Pedagogía General en el CAP
- Profesora de Pedagogía Terapéutica en Centro Educación Primaria

Título: CONCEPTO DE EDUCACIÓN FÍSICA: EVOLUCIÓN Y DESARROLLO DE LOS DISTINTOS CONCEPTOS.

Autores: José Mª Cañizares Márquez y Carmen Carbonero Celis

Editorial: WANCEULEN EDITORIAL DEPORTIVA, S.L.

C/ Cristo del Desamparo y Abandono, 56   41006 SEVILLA

Dirección web: www.wanceulen.com

I.S.B.N.: 978-84-9993-472-3

Dep. Legal:

© **Copyright:** WANCEULEN EDITORIAL DEPORTIVA, S.L.

Primera Edición: Año 2016

Impreso en España:

Reservados todos los derechos. Queda prohibido reproducir, almacenar en sistemas de recuperación de la información y transmitir parte alguna de esta publicación, cualquiera que sea el medio empleado (electrónico, mecánico, fotocopia, impresión, grabación, etc), sin el permiso de los titulares de los derechos de propiedad intelectual. Cualquier forma de reproducción, distribución, comunicación pública o transformación de esta obra solo puede ser realizada con la autorización de sus titulares, salvo excepción prevista por la ley. Diríjase a CEDRO (Centro Español de Derechos Reprográficos, www.cedro.org) si necesita fotocopiar o escanear algún fragmento de esta obra.

ÍNDICE

Presentación de la Colección.

Introducción

1. ASPECTOS COMUNES A TENER EN CUENTA EN EL EXAMEN ESCRITO.

    1.1. Criterios de corrección y evaluación que siguen los tribunales.
    1.2. Consejos sobre cómo estudiar los temas. Estrategias.
    1.3. Recomendaciones para la realización del examen escrito. Estrategias.
    1.4. Modelo estandarizado de presentación de examen escrito.
    1.5. Partes estándares a todos los temas.

2. CONCEPTO DE EDUCACIÓN FÍSICA: EVOLUCIÓN Y DESARROLLO DE LAS DISTINTAS CONCEPCIONES.

COLECCIÓN OPOSICIONES DE MAGISTERIO.
ESPECIALIDAD DE EDUCACIÓN FÍSICA

PRESENTACIÓN DE LA COLECCIÓN

Los autores, con muchos años de experiencia en la preparación de oposiciones, hemos plasmado en esta Colección multitud de argumentos y detalles con la finalidad de que cada persona interesada en acceder a la función pública conozca minuciosamente todos los pormenores de la preparación.

La Colección está compuesta por una treintena de volúmenes, de los que veinticinco están dedicados a otros tantos capítulos del temario, y los cinco restantes a cómo hacer y exponer oralmente la programación didáctica y las UU. DD., así como a resolver el examen práctico escrito.

Los destinados a los temas llevan incorporados unos aspectos comunes previos sobre cómo hay que estudiarlos y consejos acerca de cómo realizar el ejercicio escrito.

Los aplicados al examen oral: defensa de la programación y exposición de las U.D.I., también llevan un capítulo referente a cómo es mejor hacer la expresión verbal, el mensaje expresivo, el esquema en la pizarra, etc.

Es decir, los autores no nos hemos ceñido a publicar un temario para las dos pruebas escritas (tema y casos prácticos) y las dos orales (programación y unidades). Hemos querido hacer partícipe de las técnicas que hemos seguido estos años y que tan buen resultado nos han dado, sobre todo a quienes sacaron plaza merced a su propio esfuerzo. No obstante, debemos destacar un aspecto capital: ratio del tribunal, es decir, ¿con cuántos opositores me tengo que "pelear" para conseguir la plaza?

Ya podemos ir perfectamente preparados, que si un tribunal tiene dos plazas para dar y hay diez opositores con un diez... la suerte de tener una décima más o menos en la fase de concurso nos dará o quitará la plaza.

Por otro lado, es conocido que desde hace año en España tenemos diecisiete "leyes de educación", es decir, una por autonomía, además de la que es común para todos y que, como las autonómicas, depende del partido político que gobierne en ese momento. No podemos obviar que la Educación y todo lo que le rodea -incluidos opositores- es un aspecto más de la política, si bien entendemos debería ser justo lo contrario. La formación de nuestros hijos no debe estar en función de unas siglas de unos partidos políticos, porque cuando uno consigue el poder, elimina por sistema lo hecho por el anterior, esté mejor o peor. Ejemplos, por desgracia, hay muchos desde la LOGSE/1990. Así pues, abogamos por un Pacto Educativo que incluya, lógicamente, a opositores y al Sistema de Acceso a la Docencia.

Esto trae consigo que, forzosamente, debamos basarnos en una línea de elementos legislativos. En nuestro caso, además de la nacional, nos remitimos a la de Andalucía. Por ello, las personas opositoras que nos lean deberán adecuar las citas legislativas autonómicas que hagamos a las de la comunidad/es donde acuda a presentarse a las oposiciones docentes.

Para cualquier información corta, los autores estamos a disposición de las personas lectoras en:

oposicionedfisica@gmail.com

INTRODUCCIÓN

Este volumen tiene dos partes claramente diferenciadas:

a) Por un lado tratamos diversos aspectos comunes a todos los temas escritos. Es decir, nos centramos en cómo hay que estudiarlos a partir de los propios criterios de valoración del examen que indica la Consejería de Educación de la Junta de Andalucía, y que suelen ser similares a los de otras autonomías. También incluimos los criterios de otras comunidades, pero no de todas porque se nos haría interminable.

Esta parte también incluye una serie de consejos acerca de cómo estudiar los temas, cuestión que no es baladí porque el opositor está muy limitado por el tiempo disponible para realizarlo.

Esto nos lleva a siguiente punto, el "perfil" de cada opositor, su capacidad grafomotriz muy a tener en cuenta para que en el tiempo dado seamos capaces de tratar el tema elegido con una estructura adecuada a los criterios de evaluación que el tribunal va a usar en la corrección.

Es muy corriente el comentario de "mientras más sepas, más nota sacas y más posibilidades de obtener plaza tienes". Esto trae consigo, en muchas ocasiones, que el opositor se encuentre con "montañas de papeles" sin estructurar, sin saber si un documento reitera lo de otro, sin dominar la capacidad de síntesis ante tanto volumen de definiciones, clasificaciones, teorías, opiniones, etc.

La realidad es muy distinta. El opositor debe llevar preparado al menos veinticuatro documentos (para tener el 100% de que le va a salir en el sorteo un tema estudiado concienzudamente), con la información muy exacta de lo que le da tiempo a escribir correctamente desde todos los puntos: científico, legislativo, autores, estructura del propio examen, sintaxis, ortografía, etc.

Muchas veces nos han preguntado por el conocimiento de los tribunales, si están al día, etc. Nuestra respuesta ha sido siempre la misma: "sabrán más o menos de cada uno de los veinticinco temas, lo leerán con más o menos detenimiento, pero seguro que lo que más saben es corregir escritos porque lo hacen a diario en sus aulas, de ahí que debamos prestar la máxima atención a estos aspectos formales". Para ello añadimos al final una hoja-tipo.

Completamos este primer capítulo con una tabla de planificación semanal que debemos hacer desde un principio para "obligarnos" y seguirla con disciplina espartana, si de verdad queremos tener éxito.

b) Por otro, el Tema 1 totalmente actualizado a fecha de hoy. La persona opositora debe, una vez conozca el volumen de contenidos que es capaz de escribir, hacer un resumen equitativo de cada punto y "cuadrarlo" a su capacidad grafomotriz. A partir de aquí, a estudiarlo... pero escribiéndolo ya que la nota nos la van a poner por lo que escribamos y cómo expresemos esos contenidos. Pero, si en la comunidad donde nos examinemos, el escrito hay que leerlo al tribunal, de nuevo lo haremos, cuanto antes mejor, para ensayar la lectura y que determinadas palabras no se nos "atraganten".

CRITERIOS DE CORRECCIÓN Y EVALUACIÓN QUE SIGUEN LOS TRIBUNALES

Consideramos imprescindible saber **previamente** cómo nos va a evaluar el Tribunal para realizar el examen con respecto a los ítem que va a tener en cuenta. Aportamos varios **modelos** que han transcendido y que, básicamente, se diferencian en la **formulación** de las consideraciones y en su valoración, no en el **fondo**.

CRITERIOS DE EVALUACIÓN EN ANDALUCÍA.

La Consejería de Educación de la Junta de Andalucía informa a los sindicatos, en mayo de 2007, sobre un "borrador" de criterios de evaluación para el "Concurso Oposición al Cuerpo de Maestros 2007". Posteriormente, como pudimos comprobar esa convocatoria y las siguientes, estos criterios se hicieron "firmes".

Transcribimos literalmente los cinco puntos a considerar sobre el tema escrito:

CRITERIOS GENERALES TEMA ESCRITO

Estructura del tema.

a) Presenta un índice.
b) Justifica la importancia del tema.
c) Hace una introducción del mismo.
d) Expone sus repercusiones en el currículum y en el sistema educativo.
e) Elabora una conclusión acorde con el planteamiento del tema.

Contenidos específicos.

a) Adapta los contenidos al tema.
b) Secuencia de manera lógica y clara sus apartados.
c) Argumenta los contenidos.
d) Profundiza en los mismos.
e) Hace referencia al contexto escolar.

Expresión.

a) Muestra fluidez en la redacción.
b) Hace un uso correcto del lenguaje, con una buena construcción semántica.
c) Emplea de forma adecuada el lenguaje técnico.

Presentación.

a) Presenta el escrito con limpieza y claridad.
b) Utiliza un formato adecuado teniendo en cuenta el apartado 4 del artículo 7.4.1. de la Orden de 24 de marzo de 2007, BOJA nº 60 del 26/03/2007.
Nota: Se refiere a aspectos formales tales como no firmar el examen, entregarlo en un sobre con etiquetas, etc.

Bibliografía/Documentación.

a) Fundamenta los contenidos con autores o bibliografía.
b) Sitúa el tema en el marco legislativo pertinente.

La Consejería de Educación de la Junta de Andalucía informa a los sindicatos, en **junio de 2015**, sobre los criterios de evaluación para el "Concurso Oposición al Cuerpo de Maestros 2015". Transcribimos literalmente los cuatro puntos a considerar sobre el tema escrito:

CRITERIOS GENERALES A TENER EN CUENTA EN LA CORRECCIÓN DEL TEMA ESCRITO (JUNIO 2015).

1. Estructura del tema.

a) Secuencia de manera lógica y clara cada uno de los apartados del tema
b) Expone con claridad

2. Contenidos.

a) Argumenta y justifica científicamente los contenidos
b) Conoce y tarta con profundidad el tema
c) Realiza una transposición didáctica de la teoría expuesta a la práctica
d) Fundamenta los contenidos con autores y bibliografía que realmente hagan referencia al contenido en cuestión, así como a la normativa vigente

3. Expresión.

a) Redacta con fluidez
b) Usa correctamente el lenguaje y presenta una adecuada construcción sintáctica
c) Usa con propiedad el lenguaje técnico específico de la especialidad
d) No se aprecian divagaciones, reiteraciones, etc.

4. Presentación.

a) El ejercicio es legible: no hay que estar deduciendo qué quiere decir ni traduciendo el texto
b) Se observa limpieza y claridad en el ejercicio
c) Usa un formato adecuado

CRITERIOS GENERALES A TENER EN CUENTA EN LA CORRECCIÓN DEL TEMA ESCRITO
(Comunidad de Castilla-La Mancha)

Los criterios de evaluación del tema escrito (Comunidad de Castilla-La Mancha), que tuvieron los tribunales en cuenta en la convocatoria de 2007 y que fueron establecidos por la Comisión de Selección de la Especialidad de Educación Física, son:

CRITERIOS PARA EVALUAR EL TEMA ESCRITO. PARTE "A"	Puntuación
1.- Introducción, justificación, índice y mapa conceptual.	(MÁXIMO 1,5 puntos)
2.- Contenidos específicos	
2.1.- Trata todos los epígrafes del tema. 2.2.- Adecuación de los contenidos al tema. Los contenidos se ajustan al tema. 2.3.- Profundización de los mismos. 2.4.- Organización lógica y clara en cada punto. Atendiendo al índice. 2.5.- Argumentación de los contenidos. 2.6.- Referencia al contexto escolar. 2.7.- Relaciona con otros temas del currículum. 2.8.- Originalidad y creatividad en el tema.	(MÁXIMO 6,5 puntos)
3.- Bibliografía	
3.1.- Bibliografía específica del tema. Cita autores y hace referencias bibliográficas. 3.2.- Aspectos legislativos. Hace referencia a la legislación nacional y autonómica.	(MÁXIMO 0,75 puntos)
4.- Conclusión y valoración personal	(MÁXIMO 0,75 puntos)
5.- Aspectos formales. Presentación, estructura, organización, uso de vocabulario técnico.	(MÁXIMO 0,5 puntos)
6.- Errores	
a. Divagaciones b. Faltas de ortografía c. Errores garrafales	SE VALORARÁ NEGATIVAMENTE POR PARTE DEL TRIBUNAL
Total	10 Puntos.

OTROS CRITERIOS GENERALES A TENER EN CUENTA EN LA CORRECCIÓN DEL TEMA ESCRITO

Otros tribunales siguieron unos criterios de evaluación del examen escrito como los que ahora reflejamos:

		CRITERIOS PARA EVALUAR EL TEMA ESCRITO	
1		Introducción, índice y mapa conceptual	Máximo 1 punto
2		Nivel de contenidos	Máximo 5 puntos
	2.1.	Trata todos los epígrafes del tema	
	2.2.	Los contenidos se ajustan al temario	
	2.3.	Relaciona con otros temas del curriculum	
	2.4.	Hace referencia a la legislación nacional y autonómica	
	2.5.	Cita autores y/o referencias bibliográficas	
3		Aspectos formales: presentación, estructura, organización, vocabulario y ortografía	Máximo 3 puntos
4		Conclusión, valoración personal y bibliografía	Máximo 1 punto

Esta tabla tuvo su origen en la Convocatoria de Castilla La Mancha hace unos años. Sus criterios siguen vigentes.

Cuadro resumen de los Criterios de Evaluación	Temas A

1.- Contenidos específicos
    a. Adecuación de los contenidos al tema.
    b. Profundización de los mismos.
    c. Organización lógica y clara en cada punto (Índice).
    d. Argumentación de los contenidos.
    e. Referencia al contexto escolar.
    f. Originalidad y creatividad en el tema.
	2,75 puntos

2.- Introducción y conclusión
    a. Justificación de la importancia del tema.
    b. Repercusiones en nuestra área y en el Sistema Educativo.
    c. Buena introducción del tema.
    d. Conclusión.
	0,5 puntos

3.- Expresión
    a. Fluidez del discurso.
    b. Buena redacción, sin errores sintácticos, redundancias...
    c. Uso del lenguaje técnico.
	1 puntos

4.- Presentación
    a. Limpieza y claridad.
    b. Formato con variedad de recursos (gráficos, sangrías, diferenciación entre títulos, subtítulos, contenidos, esquema, etc.)
	0,5 puntos

5.-Bibliografía
    a. Bibliografía específica del tema.
    b. Aspectos legislativos.
	0,25 puntos

Penalizaciones
    a. Divagaciones
    b. Faltas de ortografía
    c. Errores garrafales
	A restar según criterio del propio tribunal

Totales	5 Ptos.

En 2013, la Convocatoria de Castilla-La Mancha incluían estos criterios

PARTE 1B *DESARROLLO DE UN TEMA DE LA ESPECIALIDAD*	PESO ESPECÍFICO
1. Estructurar el tema de forma coherente, secuenciada, justificada y equitativa con todos los apartados.	25%
2. En relación a los contenidos desarrollados, responder al tema planteado, adaptándose al currículum, con aportaciones teórico-prácticas, siendo funcional para la práctica docente.	40%
3. Ser original y creativo en el desarrollo del tema, estableciendo conexiones con otros contenidos del currículum, con aportaciones personales fundamentadas que revelan la creación propia e inédita del mismo.	15%
4. El tema será afín a unas bases teóricas, a una fundamentación científica de la que parte el currículum, al tiempo que aporta ideas nuevas.	5%
5. Mostrar una lectura fluida y comprensible, con una actitud transmisora y un desarrollo expositivo que se ciñan al tema.	15%

CONSEJOS SOBRE CÓMO ESTUDIAR LOS TEMAS. ESTRATEGIAS.

Exponemos una serie de consejos que solemos dar a nuestros opositores:

- Cada uno tiene un "método" que ha experimentado durante su vida de estudiante, sobre todo a nivel universitario, de ahí que nuestra influencia sea relativa. No obstante, muchos nos reconocen que *"nunca hemos estudiado en profundidad hasta comenzar a prepararnos las oposiciones"*.

- Reconocemos que hay **múltiples** formas de estudio. Hemos tenido opositores que necesitaban estar tumbados, otros sentados y en total silencio, otros tenían que tener forzosamente una tenue música de fondo, etc. Es decir, existen muchas maneras con más o menos **dependencia/independencia** de **campo**.

- Unos precisan **luz** natural, otros luz blanca o azul, con flexo cercano o con la de la lámpara del techo...

- Hay quien prefiere estudiar a base de **resúmenes** hechos en un procesador de textos y otros, en cambio, tenían que estar a mano.

- Muchos prefieren **grabar** verbalmente los contenidos para reproducirlos cuando viaja, corre, nada o anda y así aprovechar estos "tiempos muertos".

- Otros requieren **gráficos** y mapas conceptuales. Incluso, hemos tenido los que preferían hacer un póster-esquema y colgarlo a la pared para leerlo de pie...

- Otro grupo lo conforman aquellos que prefieren subrayar o señalar los puntos clave con rotulador marcador tipo fluorescente, otros a lápiz... Eso sí, lo señalado debe tener encadenamiento o cohesión interna para verterlo, ya redactado, en el examen, de ahí que **debamos estudiar escribiendo**, porque el examen escrito trata de ello.

- Debemos usar bolígrafos de gel por ser más rápidos en su trazo y papel tamaño A4, que es el que nos van a proporcionar el día del examen. Ojo a los tipos de **bolígrafos permitidos** por los tribunales, debemos estar muy atentos a lo que nos dicen el día de la **presentación**. Independientemente de ello, debemos acostumbrarnos a poner el folio directamente sobre la superficie dura de la mesa, ya que así la velocidad de escritura es superior que si lo situamos encima de otros folios porque éstos hacen que el espacio de apoyo nos frene por ser más blando. Un **reloj** para controlarnos los tiempos es imprescindible también.

- En cualquier caso, no sería bueno estudiar más de dos horas seguidas, sobre todo si estamos sentados. Ello, normalmente, acarrea contracturas dorso-lumbares, en los miembros inferiores, etc. con el consiguiente dolor y molestia. Lo mismo podemos decir a nivel de nuestra visión.

- Realizar **actividad física o deportiva** varias veces a la semana es muy aconsejable por simple razón de compensación y revitalización personal.

- Es bueno, pues, cada dos horas aproximadamente, hacer un **alto horario** de 8-10 minutos para despejarnos mentalmente y estirarnos físicamente. Beber **agua** y la ingesta de **fruta** suele ser positivo. Esto es extensible a día del examen de la oposición.

- No obstante, si la convocatoria nos dice que el escrito durará más de este tiempo, debemos paulatinamente aumentar las dos horas hasta llegar al **tope** marcado.

- Siempre recomendamos realizar una **planificación** semanal personalizada, que regule nuestro **tiempo** destinado al estudio (avance y repaso de los temas del escrito, casos prácticos, exposición oral), al trabajo, deporte, ocio, obligaciones familiares, etc. Ver tabla/ejemplo en la página siguiente.

- **¿Cuánto tiempo dedicar al estudio?** No podemos dar "recetas" pues depende del nivel previo de cada opositor. Hay quien trae excelentes aprendizajes previos de la carrera y hay quien ese nivel lo trae demasiado básico. Otros ya tienen experiencias en oposiciones, etc. Así pues cada uno debe auto regularse en función de sus capacidades y sus circunstancias personales. Genéricamente podemos indicar que, al menos, 4-6 horas/día divididas por un descanso de 10-15 minutos puede ser un estándar adecuado. A partir de ahí, personalizar en función del avance o no obtenido.

- Siempre debemos tener un "**molde personal**" en función de la capacidad grafomotriz, habida cuenta el **ahorro** de tiempo y energía que nos supone seguir esta estrategia.

- De cualquier forma, debemos respetar el dicho popular "*lo que no se recuerda, no se sabe*", de ahí **memorizar comprensivamente** lo más significativo.

- La **memoria**, al igual que ocurre con la condición física, se mejora ejercitándola con frecuencia.

- Tan importante es memorizar un tema nuevo como no olvidar los ya aprendidos, por lo que es necesario **consolidar**, repasando, lo estudiado. Comprobar que dominamos temas anteriores mejora nuestra capacidad de auto concepto.

- De ahí la importancia de estudiar teniendo delante nuestro **resumen personalizado** y olvidarnos de aumentar los contenidos del tema porque, además de crearnos inquietudes, posiblemente no podamos reflejar todo lo que sabemos en el tiempo que tenemos de examen.

Mostramos en el siguiente **gráfico** un claro y rápido ejemplo de cómo auto planificarse el estudio durante la semana a partir de tres **módulos** diarios:

EJEMPLO DE PLANIFICACIÓN SEMANAL-TIPO
Combinación de estudio-repaso-programación-UU.DD.-prácticos-trabajo profesional-descanso

LUNES	MARTES	MIÉRCOLES	JUEVES	VIERNES	SÁBADO	DOMINGO
MAÑANA	MAÑANA	MAÑANA	MAÑANA	MAÑANA	MAÑANA	MAÑANA
TRABAJO	Estudio tema nuevo semana	TRABAJO	Repaso tema nuevo	TRABAJO	Casos Prácticos	Libre
TRABAJO	Estudio tema nuevo semana	TRABAJO	Programación	TRABAJO	Casos Prácticos	Libre
TARDE	TARDE	TARDE	TARDE	TARDE	TARDE	TARDE
Estudio tema nuevo semana	Programación	Repaso temas anteriores	UU. DD.-U.D.I.	Sesión de clase con preparador	Repaso temas anteriores	Repaso temas anteriores

RECOMENDACIONES PARA LA REALIZACIÓN DEL EXAMEN ESCRITO. ESTRATEGIAS.

NOTA: Muchos de los consejos que ahora damos, sobre todo los relacionados con la presentación, escritura, etc. son también aplicables a la realización por escrito de los casos prácticos, si los hubiera.

En las convocatorias anteriores se ha comprobado que la mayoría de aprobados en el examen escrito tenían **buena letra**, además de contenidos notables. Efectivamente, entre los criterios de evaluación que utilizan los tribunales hay algunos puntos destinados a la **presentación** que no podemos desechar. Incluso, si la Orden de la Convocatoria indica que el opositor deberá **leer** su propio **examen** ante el tribunal, éste suele comprobar posteriormente su estructura, sintaxis, ortografía, etc.

No llegar a tiempo a los llamamientos supone la primera **precaución** a tomar. En ocasiones, las instalaciones donde se celebran las oposiciones se ven saturadas desde varios kilómetros antes de llegar. A ello hay que sumar el tiempo para aparcar, buscar el aula asignada, etc. **Llegar tarde** puede suponer la **no presentación** y la consiguiente **eliminación**.

Gracias a las observaciones hechas por los tribunales de años anteriores y por los criterios de evaluación que han transcendido, estamos en disposición de apuntar una serie de anotaciones a considerar por las personas opositoras durante su periodo de preparación con nosotros. Habitualmente los tribunales reservan parte de la nota total para los **aspectos "formales"** del examen, que ahora comentamos. Esto es de vital importancia porque dos opositores con igual cantidad y calidad de contenidos, sacará mejor nota quien mejor lo presente. Ante ello, reservar algunos minutos para poder **revisar** el examen antes de entregarlo, teniendo en cuenta lo siguiente:

- Nadie aprueba con **mala letra**. Igual decimos de la presentación y limpieza.
- Esto lo hacemos extensivo a las faltas de **ortografía**, acentuación, mala **sintaxis**, incorrecciones **semánticas**, **expresión** y **redacción**, **vulgarismos**, **repetir la misma palabra** continuadamente, **tachones**, suciedad, etc. No podemos "escribir igual que hablamos". También, no poner el número del tema elegido o su título. Otro error habitual es el mal uso de los puntos, bien seguido, bien aparte.
- Debemos escribir por **una carilla** -al menos que el tribunal indique otra cosa- con letra más bien grande para facilitar su lectura. No poner detalles como "no recuerdo…"; "creo que…"; "no me da tiempo…"; "me parece que es…".
- La **media** de **folios** (carillas o páginas) que suelen hacer nuestros preparados están entre **14 y 16**, con **17-22 renglones** cada una (20 lo habitual) y **9 palabras/renglón**, teniendo en consideración unos **márgenes laterales** y **superior e inferior** de 2 a 2'5 centímetros. No obstante, conforme avanza la preparación y la habilidad para escribir este tipo de examen, hay quien aumenta el volumen de páginas de manera significativa, pero siempre manteniendo y respetando los criterios de evaluación que suelen tener los tribunales: letra, limpieza, construcción semántica, ortografía, etc. Si preferimos escribirlo en un procesador de textos, como puede ser "Word", el número de palabras suele estar alrededor de las 2400-2700, aproximadamente.
- Los **renglones** deben ser **paralelos** y siempre con el mismo **interlineado**. En caso de tener problemas para hacerlo, podemos llevarnos una **plantilla** ya hecha, como una hoja tamaño folio de cuaderno de rayas, o bien hacerla allí

mismo con lápiz y regla. Si tampoco pudiese ser (a veces los tribunales han hecho especial hincapié en "no entrar con plantilla, regla, etc."), nos esmeraríamos en la realización de la primera página, aunque tardásemos más tiempo, y ésta nos serviría como "falsilla" o planilla de renglones. Otro "**truco**" es hacerla a partir del **DNI** al que previamente le hemos hecho unas señales minúsculas con la anchura que deseamos. Éste nos sustituiría a la regla.

- No se puede ser "loco o loca" escribiendo. Para ello es importante el **entrenamiento** durante el periodo de preparación. De ahí surge la **automatización** de todos estos aspectos, además del sangrado, márgenes, etc. No poner abreviaturas.
- Por otro lado debemos **numerar** las hojas, incluso algunos lo hacen poniendo "1 de 15; 2 de 15…".
- La utilización de **dos colores** de tinta **no** suele estar **permitido**, como tampoco subrayados para señalizar los títulos, epígrafes, ideas fundamentales, etc., al menos que el tribunal exprese lo contrario. En todo caso, **preguntar** al tribunal antes de empezar si es posible su uso, así como de tippex. También si se pueden poner gráficos, flechas, tablas, etc., si el tribunal lo permite, pero la Orden de la Convocatoria suele prohibirlo por considerarlo posible "**señal**". Un **bolígrafo** tipo **gel** y apoyarnos sobre un **superficie dura** para que éste se deslice mejor, nos permite mayor velocidad de escritura manteniendo su calidad. Quienes suelen hacer tachaduras, previendo que no les dejen usar tippex, pueden optar por un **bolígrafo borrable por fricción** (marca Pilot o similar) que elimina cualquier rastro de su propia tinta. No obstante, determinados "bolígrafos rápidos" que se basan en tinta tipo gel, suelen ser peor para opositores **zurdos**, por razones obvias. Recordamos la necesidad de seguir exactamente las **instrucciones** que nos dé el tribunal al respecto, habida cuenta tenemos experiencias sobre la **anulación** de exámenes por el uso de este tipo de herramienta de escritura.
- No olvidemos que la mayoría de los títulos de los temas tienen tres puntos, por lo que debemos **dividir** la totalidad de materia que escribamos en tres partes similares. De esa forma, evitamos exponer mucho contenido de una parte en perjuicio de otra. Así pues, normalmente haremos tres puntos con varios sub-puntos cada uno buscando la conexión entre los mismos. Además, pondremos el **índice** al principio, tras el título, **introducción, conclusiones, bibliografía** - que incluye la legislación- y webgrafía. En **resumen**, queda muy bien, limpio y "amplio", la estructuración del examen de esta manera:

  - **Título** del Tema. 1ª página. Mayúsculas y en una única página.
  - **Índice**. 2ª página. En una sola página.
  - **Introducción**. 3ª y 4ª página. Debe tener cierta peculiaridad con objeto de atraer la curiosidad del corrector. Nombrar los descriptores del título y en cada uno dar una o dos referencias del mismo. Podemos "presentarlo" a través de su importancia en el currículo y citar sus referencias legislativas. Usar, preferentemente, dos páginas.
  - **Apartados o descriptores** y los sub-apartados. 5ª página. Es el eje alrededor del cual gira la nota relativa a los contenidos. Incluye definiciones, clasificaciones, teorías, líneas metodológicas, referencias curriculares, aplicaciones prácticas, actividades, etc., todo ello citando a autores y normativa que luego quedarán reflejados en la bibliografía, pero con una redacción técnica. En cualquier caso debemos marcar claramente cuándo finalizamos el primer punto y comenzamos el siguiente. Si somos "olvidadizos", podemos dejar un interlineado relativamente amplio por si nos acordamos después de algún detalle olvidado y deseamos incorporarlo sin tachones.

- **Conclusiones**. Lo más notable que hemos tratado, los puntos clave. Al ser lo último que el corrector lee, deben estar muy cuidadas porque puede influir decisivamente en la nota.
- **Bibliografía**. Reseñar algún libro "comodín" y de los autores nombrados anteriormente. También la legislación significada.
- **Webgrafía**. Alguna general, como revistas digitales, o específica.

En cualquier caso, es **imprescindible** conocer los **criterios de evaluación** que van a seguir los tribunales, máxime si son públicos, como viene ocurriendo en varias comunidades autónomas, y en Andalucía de forma más concreta, tal y como hemos citado en el capítulos anteriores. Debemos, pues, hacer caso de ellos y citar o desarrollar todos los **aspectos** que los criterios mencionan.

Precisamente, el tiempo no lo podemos "regalar" ni despreciar, por lo que si terminamos el examen y aún quedan cinco o diez minutos, debemos **repasar** lo escrito por si se nos ha olvidado algo relevante o no hemos puesto la debida atención a las faltas gramaticales, sesgos sexistas, escritura con "códigos SMS", etc. Así pues, debemos agotar el tiempo subsanando cualquier error.

Si la preparación ha sido buena, nada más hacerse el sorteo de los temas, debemos decidirnos por uno. Inmediatamente nos concentramos y empezamos a desarrollarlo, porque debemos ya tener "**automatizada**" su escritura. Si empezamos a dudar, comenzamos a perder el escaso tiempo que nos dan.

En caso de haber estudiado con "**esquemas**", lo mejor sería hacernos uno en sucio para usarlo como guía en la redacción del examen. Este folio nos sirve también para tomar notas, para ir estructurando el tema, etc. Pero, repetimos, la escritura del tema debemos tenerla automatizada porque si no perdemos el tiempo. Esta hoja la destruiríamos al terminar.

Si hemos preparado una introducción, conclusiones, bibliografía y webgrafía "estándar", podemos irlas escribiendo en el llamado "**tiempo perdido**" que suele haber desde que nos dan los folios hasta que sortean los números de los temas. Después podemos añadir los rasgos específicos del tema ya elegido.

Nuestros preparados suelen preguntarnos por la expresión a usar. Aconsejamos el "**plural mayestático**" (*nosotros, ahora vemos, podemos seguir, observamos*, etc.)

Otro aspecto importante es la **elección** del tema de entre los sorteados. Debemos hacer el que dominemos mejor, el que ya lo hayamos escrito muchas veces durante la preparación, el que nos garantice escribir más folios, en suma, el que nos dé más seguridad.

No olvidar llevarse **agua** y alguna pieza de **fruta**. Normalmente a finales de junio suele hacer mucho **calor** y la sensación de éste aumenta con la tensión del examen.

Ahora adjuntamos una **hoja con un resumen** de los **aspectos formales** del examen escrito del tema, aunque aplicable también a la redacción de los **casos prácticos**.

MODELO ESTÁNDAR DE PRESENTACIÓN PARA PRUEBA ESCRITA

2.- COORDINACIÓN Y EQUILIBRIO EN LA INICIACIÓN AL FÚTBOL ESCOLAR

2.1. CONCEPTUALIZACIONES PRELIMINARES.

Desde un primer momento es adecuado tener en cuenta que cualquier movimiento, por mínimo que sea, requiere coordinación y equilibrio adecuados. Por ejemplo, abrir y cerrar una mano conlleva que una serie de grupos musculares realicen (agonistas) la acción y que otros se relajen (antagonistas) para que aquéllos puedan actuar, así como que otros grupos estabilicen (fijadores) los de la muñeca para que lo anterior pueda tener lugar (Téllez, 2014).

La coordinación nos permite hacer lo pensado, es decir, realizar la imagen mental que nos hemos hecho, el esquema motor. Está íntimamente ligada a las habilidades y destrezas básicas a través de su relación con la coordinación dinámico general y la coordinación óculo-segmentaria, respectivamente (Mateos y Garriga, 2015).

Precisamente, las edades porpias de la Primaria son las más críticas para el desarrollo de las capacidades coordinativas (Bugallal, 2011).

Si nos fijamos atentamente en un partido de fútbol podemos observar numerosas acciones diferentes y que, mal hechas, pueden producir lesiones, como dejinses:

a) Carreras
b) Saltos
c) Giros
d) Lanzamientos

Todos ellos con infinidad de VARIANTES. Para que todos esos gestos "salgan bien" ~~havrá~~ habrá sido necesario un director que regule todos los mov. Esta es la función del sistema nervioso.

PARTES ESTÁNDARES A TODOS LOS TEMAS.

Muchas de las personas que preparamos tienen **problemas** por la falta de tiempo o de, simplemente, por ser poco capaces de aprender **introducciones, conclusiones, bibliografías, legislación y webgrafía** de cada uno de los temas.

Uno de los **remedios** para no "castigar" la memoria es confeccionarse unos "**estándares**" o "**comunes**" que den servicio a estos apartados.

Si a ello le unimos la racionalidad en la confección del Índice, a partir de los tres o cuatro apartados o descriptores del título del tema, hemos ahorrado un esfuerzo a nuestra memoria.

Así pues, vamos a dar una serie de **consejos** para que cada persona lectora los elabore de una forma sencilla pero eficaz unos textos usuales, si bien deberíamos a continuación podríamos **complementarlos** con unos **rasgos específicos** del tema que, prácticamente, nos vienen dado por el **título** del tema que nos escribirá el tribunal en la pizarra de la sala de examen. Por ejemplo, si la Introducción la hacemos en dos páginas, los aspectos comunes pueden suponer entre el 60-75 %, es decir, página y un tercio de la siguiente. Si la Conclusión la hacemos en una única, las tres cuartas partes podemos dedicarla a los textos estandarizados y el resto a los concretos del tema escrito.

INTRODUCCIONES COMUNES A TODOS LOS TEMAS

Cuando hemos hablado con los componentes de los tribunales, habitualmente nos indican que suelen fijarse en el "detalle" de si el opositor ha puesto desde el principio o no **referencias** a la **legislación actual**, debido a que suelen entender que cualquier tema debe redactarse **a partir** de las leyes educativas, decretos y órdenes que las desarrollan. Así pues, debemos hacer mención, **respetando su jerarquía**, de:

- Ley Orgánica 8/2013, de 9 de diciembre, para la mejora de la calidad educativa (LOMCE). B.O.E. nº 295, de 10/12/2013.
- Ley Orgánica 2/2006, de 3 de mayo, de Educación (LOE). B.O.E. nº 106 del 04/06/2006. (Modificada por la LOMCE/2013).
- Ley 17/2007, de 10 de diciembre, de Educación en Andalucía. B.O.J.A. nº 252, de 26/12/2007.
- M. E. C. (2014). *Real Decreto 126/2014, de 28 de febrero, por el que se establece el currículo básico de la Educación Primaria.* B. O. E. nº 52, de 01/03/2014.
- M.E.C. (2015). *Orden ECD/65/2015, de 21 de enero, por la que se describen las relaciones entre las competencias, los contenidos y los criterios de evaluación de la educación primaria, la educación secundaria obligatoria y el bachillerato.* B.O.E. nº 25, de 29/01/2015.
- JUNTA DE ANDALUCÍA (2015). *Decreto 97/2015, de 3 de marzo, por el que se establece la ordenación y el currículo de la educación Primaria en la comunidad Autónoma de Andalucía.* BOJA nº 50 de 13/03/2015.
- JUNTA DE ANDALUCÍA (2015). *Orden de 17 de marzo de 2015, por la que se desarrolla el currículo correspondiente a la educación Primaria en Andalucía.* BOJA nº 60 de 27/03/2015.

No obstante, entendemos que sería un buen detalle **citar** también a las **Competencias Clave**, habida cuenta su importancia a partir de la publicación de la LOE/2006, actualizada por la LOMCE/2013.

Igualmente podemos hacer mención a la legislación correspondiente a la evaluación o a la relacionada con la atención a la **diversidad**, pero tanto texto no nos cabe, de ahí la necesidad de **sintetizar** la información que consideremos más representativa.

Otra línea es plasmar alguna "**frase hecha**", como "*enseñar Educación física con éxito supone diseñar una programación coherente con el contexto, disponer de un amplio abanico de estrategias didácticas, generar un clima de clase que invite al aprendizaje, utilizar adecuadamente los recursos materiales y tecnológicos e integrar la evaluación en el proceso de aprendizaje*" (Blázquez y otros, 2010).

Otro ejemplo puede ser: "*Uno de los fines genéricos que persigue la Educación Física escolar es el de favorecer la ubicación personal del alumno/a en la sociedad, en una cultura corporal donde la escuela proporcione al alumnado los medios apropiados para su acceso y, en consecuencia, conseguir los beneficios que de ella pueden conseguir: desarrollo personal; equilibrio psicofísico; mejorar la salud; disfrutar del tiempo de ocio; etc., así como el desarrollo de la autonomía personal ante las influencias que imponen los nuevos mitos sociales*". "*El cuerpo y el movimiento como ejes básicos de nuestra acción educativa*"; "*el área de Educación Física se muestra sensible a los acelerados cambios que experimenta la sociedad...*"; "*la importancia de las relaciones interpersonales que se generan alrededor de la actividad física permiten incidir en la asunción de valores como el respeto, la aceptación, la cooperación...*", procedentes de legislaciones pasadas, como el R. D. 1513/2006, pero de plena actualidad por la temática expresada.

Posteriormente, en la Introducción debemos hacer referencias a la materia que trata el tema elegido, lo que antes hemos referenciado como "rasgos específicos". Esto nos resulta fácil con un poco de práctica, simplemente comentando una o dos líneas a partir del título del tema que el tribunal detalla en la pizarra. No obstante, el sentido de lo que expresemos debe ir encaminado a lo que "vamos a tratar en el desarrollo del tema..."

CONCLUSIONES COMUNES A TODOS LOS TEMAS

Si en las introducciones se basan en lo que "vamos a estudiar en el tema...", con las Conclusiones ocurre al contrario: "a lo largo del tema hemos visto (escrito, estudiado, tratado, etc.) la importancia de..." Para ello podemos **actuar** como antes, es decir, un par de **párrafos comunes** a todas las temáticas. Por ejemplo, "la trascendencia del conocimiento del propio cuerpo, vivenciándolo y disfrutándolo, además de respetarlo". Otra posibilidad es incluir un párrafo basándonos en algunos ejemplos de estos textos **estandarizados**:

"*Todos los niños y niñas tienen el derecho a una educación de calidad que permita su desarrollo integro de sus posibilidades intelectuales, físicas, psicológicas, sociales y afectivas*" (Decreto 328/2010). "*Entendemos la etapa de primaria como fundamental para el desarrollo de las capacidades motrices del alumnado y donde el docente debe observar las deficiencias de éstos para corregirlas lo más rápidamente posible*".

En Andalucía, la O. 17/03/2015, indica que: "*la Educación Física es un área en la que se optimizan las capacidades y habilidades motrices sin olvidar el cuidado del cuerpo, salud y la utilización constructiva del ocio. En Educación física se producen relaciones de cooperación y colaboración, en las que el entorno puede ser estable o variable, para conseguir un objetivo o resolver una situación. La atención selectiva, la interpretación de las acciones de otras personas, la previsión y anticipación de las propias acciones teniendo en cuenta las estrategias colectivas, el respeto de las normas, la resolución de problemas, el trabajo en grupo, la necesidad de organizar y adaptar las respuestas a las variaciones del entorno, la posibilidad de conexión con otras áreas, el juego como herramienta primordial, la imaginación y creatividad".*

Posteriormente plasmamos algunos rasgos de lo más característico que hemos escrito durante la redacción del tema escogido. Realmente se trata de que destaquemos lo más trascendental de cada uno de los apartados de los descriptores del título, pero con información nueva, expresando que "a lo largo del tema hemos visto la importancia de..." o "hemos indicado en la redacción del tema los conceptos, clasificaciones, didáctica de...".

BIBLIOGRAFÍA COMÚN A TODOS LOS TEMAS

Hay quien diferencia **bibliografía** de **legislación**. Nosotros, al estar ambos documentos en formato papel, lo **unificamos**.

Evidentemente cada tema tiene una serie de volúmenes principales o monográficos de apoyo, pero también está muy claro que hay una serie de **libros generales de didáctica** que vienen muy bien tenerlos en cuenta para ponerlos en la mayoría de los temas. Son las publicaciones que habitualmente se manejan en las facultades de Magisterio. Los tribunales suelen valorar más ediciones de los **últimos años**, aunque siempre habrá libros "clásicos", sobre todo las **monografías** de conocidos autores y que son muy **específicas** de los **temas**. Por ejemplo, Delgado Noguera en temas relacionados con la metodología y organización; Blázquez con evaluación y con la iniciación deportiva; Rigal en motricidad, etc.

Algunos ejemplos de bibliografía **común**, es decir, libros que prácticamente en su totalidad tratan **todas** las **materias** de los veinticinco temas, son:

ADAME, Z. y GUTIÉRREZ DELGADO, M. (2009). *Educación Física y su Didáctica. Manual de Programación.* Fondo Editorial de la Fundación San Pablo Andalucía CEU. Sevilla.

ARRÁEZ, J. M.; LÓPEZ, J. M.; ORTIZ, Mª M. y TORRES, J. (1995). *Aspectos básicos de la Educación Física en Primaria. Manual para el Maestro.* Wanceulen. Sevilla.

BLÁZQUEZ, D.; CAPLLONCH, M.; GONZÁLEZ, C.; LLEIXÁ, T.; (2010). *Didáctica de la Educación Física. Formación del profesorado.* Graó. Barcelona.

CAÑIZARES, J. Mª y CARBONERO, C. (2009). *Currículum de Educación Física en Primaria para Andalucía.* Wanceulen. Sevilla.

CAÑIZARES, J. Mª y CARBONERO, C. (2009). *Currículum de Educación Física en Primaria.* Wanceulen. Sevilla.

CHINCHILLA, J. L. y ZAGALAZ, M. L. (2002). *Didáctica de la Educación Física.* CCS. Madrid.

CONTRERAS, O. R. y GARCÍA, L. M. (2011). *Didáctica de la Educación Física. Enseñanza de los contenidos desde el constructivismo.* Síntesis. Madrid.

CONTRERAS, O. y CUEVAS, R. (2011). *Las Competencias Básicas desde la Educación Física.* INDE, Barcelona.

FERNÁNDEZ GARCÍA, E. -coord.- (2002). *Didáctica de la Educación Física en la Educación Primaria.* Síntesis. Madrid.

FERNÁNDEZ GARCÍA, E. -coord.- CECCHINI, J. A. y ZAGALAZ, Mª L. (2002). *Didáctica de la educación física en la educación primaria.* Síntesis. Madrid.

GALERA, A. D. (2001). *Manual de didáctica de la educación física. Una perspectiva constructivista moderada.* Vol. I y II. Paidós. Barcelona.

GIL MORALES, P. (2001). *Metodología didáctica de las actividades físicas y deportivas.* Fundación Vipren. Cádiz.

SÁENZ-LÓPEZ, P. (2002). *La Educación Física y su Didáctica.* Wanceulen. Sevilla.

SÁNCHEZ BAÑUELOS, F. (1996) *Bases para una Didáctica de la Educación Física y los Deportes.* Gymnos. Madrid.

SÁNCHEZ BAÑUELOS, F. y FERNÁNDEZ, E. -coords.- (2003). *Didáctica de la Educación Física para Primaria.* Prentice Hall.

SÁNCHEZ GARRIDO, D. y CÓRDOBA, E. (2010). *Manual docente para la autoformación en competencias básicas.* C.E.J.A. Málaga.

VICIANA, J. (2002). *Planificar en Educación Física.* INDE. Barcelona.

VILLADA, P. y VIZUETE, M. (2002). *Los Fundamentos teóricos-didácticos de la Educación Física.* Secretaría General Técnica del M. E. C. D. Madrid.

VV. AA. (2008). *Colección de manuales de atención al alumnado con necesidades específicas de apoyo educativo.* (10 volúmenes). C. E. J. A. Sevilla.

ZAGALAZ, Mª L.; CACHÓN, J.; LARA, A. (2014). *Fundamentos de la programación de Educación Física en Primaria.* Síntesis. Madrid.

Esta relación, o parte de ella, no debe aparecer en exclusiva. Antes que nada debemos recordar que es muy conveniente **reseñar autores y año** de publicación **durante** la **redacción** de los diversos apartados o descriptores. Esto, obviamente, nos obliga a incluirlos en la bibliografía "específica" de cada tema. Por ejemplo, en los temas relacionados con la psicomotricidad (7 – 9 – 10 – 11) recomendamos citar a:

RIGAL, R. (2006). *Educación motriz y educación psicomotriz en Preescolar y Primaria.* INDE. Barcelona.

SASSANO, M. (2015). *El cuerpo como origen del tiempo y del espacio. Enfoques desde la Psicomotricidad.* Miño y Dávila editores. Buenos Aires.

TAMARIT, A. (2016). *Desarrollo cognitivo y motor.* Síntesis. Madrid.

Hay una serie de **documentos legislativos** "obligatorios" porque, entre otras cosas, los hemos debido referir en el examen escrito. Además, debemos reseñar otros **específicos** de los temas. Por ejemplo, si tratamos la "evaluación", debemos anotar la Orden de 4 de noviembre de 2015, por la que se establece la ordenación de la evaluación del proceso de aprendizaje del alumnado de educación Primaria en la Comunidad Autónoma de Andalucía.

La legislación general ya la hemos indicado en el apartado anterior sobre "Introducciones comunes", aunque referida a Andalucía. Cada persona opositora debe adecuarla a la comunidad autónoma donde se presente.

WEBGRAFÍA COMÚN A TODOS LOS TEMAS

Hoy día muchas de nuestras fuentes consultadas se encuentran en **Internet**, de ahí que debamos señalar algunas **webs fiables**. Nos inclinamos por revistas electrónicas de prestigio en la didáctica general y en la educación física en particular, así como a los portales de las propias **consejerías** de educación de la comunidades autónomas. Todas ofrecen recursos didácticos, experiencias… y legislación aplicada.

Algunos ejemplos, son:

http://www.agrega2.es
http://recursos.cnice.mec.es/edfisica/
http://www.ite.educacion.es/es/recursos
http://www.educarm.es/admin/recursosEducativos#nogo
www.juntadeandalucia.es/educacion/descargasrecursos/curriculo-primaria/index.html
http://www.gobiernodecanarias.org/educacion/webdgoie/
http://www.educarex.es/web/guest/apoyo-a-la-docencia
http://www.catedu.es/webcatedu/index.php/recursosdidacticos
http://www.adideandalucia.es

TEMA 1
CONCEPTO DE EDUCACIÓN FÍSICA: EVOLUCIÓN Y DESARROLLO DE LAS DISTINTAS CONCEPCIONES.

ÍNDICE

INTRODUCCIÓN

1. CONCEPTO DE EDUCACIÓN FÍSICA.

    1.1. Inicio de la Educación Física.

2. EVOLUCIÓN Y DESARROLLO DE LAS DISTINTAS CONCEPCIONES.

    2.1. Conceptos en la Prehistoria y primeras culturas.

    2.2. Conceptos en el Mundo Clásico.

    2.3. Conceptos en la Edad Media.

    2.4. Conceptos en el Renacimiento.

    2.5. Conceptos en el siglo XVIII.

    2.6. Conceptos en el siglo XIX.

    2.7. Conceptos en el siglo XX. Corrientes actuales.

        2.7.1. Primer tercio del siglo XX.

        2.7.2. Segundo tercio del siglo XX.

        2.7.3. Conceptos surgidos a finales del siglo XX y principios del XXI. Últimas tendencias.

    2.8. Aplicación de los distintos conceptos al currículum actual.

CONCLUSIONES

BIBLIOGRAFÍA

WEBGRAFÍA

INTRODUCCIÓN.

El concepto de Educación Física está influido por el enfoque de la persona que tenga interés en el mismo. Por ejemplo, docencia, medicina, psicología, aprendizaje y entrenamiento deportivo, defensa y seguridad, recreación, etc.

Así pues, es un término **polisémico** que no tiene unidad conceptual, por lo que admite varias interpretaciones, como después veremos, (González, 1993). Esto no significa que la Educación Física no esté identificada, sino que está relacionada con muchas otras finalidades que desde diversos lugares se le señalan como tal.

Por otro lado, el concepto ha evolucionado muchísimo a lo largo de la historia, tal y como veremos en este Tema. *"La Educación Física tiene una historia propia y bases teóricas específicas que permiten su conocimiento, desarrollo e inclusión en el campo científico"* (Zagalaz, Cachón y Lara, 2014).

Desde la preocupación por el desarrollo de habilidades para la supervivencia, para adaptarse al entorno natural o para luchar contra otros pueblos, el concepto de educación física tendió primero hacia los ideales clásicos helenos, que reaparecieron en el Renacimiento tras el oscurantismo de la Edad Media, para después pasar por periodos de estudio en las Escuelas y Movimientos, que desembocaron en su internacionalización. Posteriormente ha evolucionado hacia la necesidad de desarrollar la habilidad motriz y condición física-salud para educar desde la base y también para combatir el sedentarismo y dar contenido saludable al tiempo libre, sin olvidar el perfeccionamiento constante de los movimientos relacionados con el mundo laboral (bomberos, seguridad, ballet, deportista profesional, etc.), de forma que exista una mayor productividad.

Hoy parece evidente que la Educación Física no debe, ni puede, considerarse fuera de sus contextos sociales, políticos e históricos. Es un proyecto de formación de personas influido por los tiempos y las propias personas, que encierra determinadas visiones del ser humano, su cuerpo y su proceso de formación (Fernández-Balboa y Sicilia, 2005).

Navarro (2007) indica que La Educación Física española es un ejemplo de cómo un campo de conocimiento se ha desarrollado y va adquiriendo mayor autonomía y producción, según los procesos de avance científico y de crítica a los postulados establecidos.

La **concepción** que recogía la legislación anterior indicaba que la Educación Física "tiene en el cuerpo y en la motricidad humana los elementos esenciales de su acción educativa se orienta, al desarrollo de las capacidades vinculadas a la actividad motriz y a la adquisición de elementos de cultura corporal que contribuyan al desarrollo personal y a una mejor calidad de vida".

Por otro lado, estamos ya inmersos en un mundo donde el continuo contacto con la Tecnologías de la Información y Comunicación se ha convertido en una constante cada vez más importante, lo que atañe a nuevos horizontes en las nuevas concepciones de la Educación Física.

1. CONCEPTO DE EDUCACIÓN FÍSICA.

Concepto es la idea que concibe o forma el entendimiento, el pensamiento expresado con palabras.

Son innumerables los trabajos antiguos y modernos que, desde diferentes perspectivas, han tenido como finalidad definir la educación física. Este es el origen del carácter polisémico del término, es decir, una idea poco definida y que admite numerosas interpretaciones y contenidos según el lugar, contexto y uso que le demos (Muros, 2006).

La falta de unificación de criterios en la terminología supone un serio obstáculo para las y los profesionales de nuestro ámbito. En este sentido, Oña (2005), señala numerosos términos como "actividad física", "educación motriz", "educación físico-deportiva", "cultura física", "fisiografía" e incluso "ciencias del deporte" que se utilizan, en muchas ocasiones indistintamente, cuando en algunos casos no tienen nada que ver.

Sin embargo, Lagardera y Lavega (2003), afirman que el término Educación Física se ha consolidado internacionalmente.

La denominación de nuestra área está compuesta de un doble término: **Educación** y **Física**. El vocablo **educación** etimológicamente procede del verbo latino *"educare"* (nutrir, criar, alimentar). Para otros, del verbo *"educere"* (sacar, hacer salir, extraer, conducir). El primer caso indica un proceso de intervención externa, de transmisión de conocimiento y actitudes. En el segundo, se entiende la educación como el proceso de desarrollo o crecimiento de las posibilidades naturales del educando, de aquello que de modo latente existe en el individuo (Fernández García -coord.- 2002). Así se mantiene hoy día debido a que el proceso educativo está compuesto por dos movimientos:

- **De fuera hacia dentro**, de protección, alimentación, de enseñanza. La persona adulta transmite los conocimientos a los niños, a los que no han alcanzado la madurez.

- **De dentro hacia fuera**, de promoción, exclaustración, desarrollo de las capacidades que lleva dentro de sí cada persona.

La palabra **física** viene del griego *"physis"* (naturaleza). Lo físico es lo que pertenece al mundo natural y al cuerpo. La educación es física en la medida que la naturaleza física o corporal de la persona le permite entrar en relación con el mundo, actuando e interaccionando con él, y de esta manera poder "educarse" y "ser educado" (Fernández García -coord.-2002).

No obstante, Oña (2005), indica que el término educación física se sigue manteniendo en el ámbito educativo, pero a esta denominación genérica o a otras, le debemos poner antes la palabra "ciencias" con objeto de significar la orientación científica del ámbito de estudio.

En las últimas décadas estas son algunas de las definiciones más significativas:

- Cagigal (1975), *"es el proceso o sistema de ayudar al individuo en el correcto desarrollo de sus posibilidades personales y de relación social, con especial atención a sus capacidades físicas de movimiento y expresión. Para identificar a la educación física hay que partir de las dos grandes realidades antropológicas: cuerpo y movimiento"*.

- Vicente (1988), *"la ciencia que estudia aquellos fenómenos que, siendo identificables por sus variables educativas, pertenecen al ámbito de la actividad motriz"*.

- Garrote (1993), *"ciencia, modo o sistema de educar a través del movimiento"*.

- Blázquez (2001), en resumen, dice que es "*una práctica escolar, que se enseña de forma obligada y cuya función es la educación del individuo a través de las conductas motrices, mediante el aprendizaje de unos contenidos para lograr unos objetivos oficiales utilizando una didáctica específica y para contribuir al éxito del alumno en su formación integral*".

- Parlebas (2003), "*la Educación Física es la ciencia de la conducta motriz, es decir, la organización del comportamiento motor*".

- Contreras, (2004), especifica que "*la Educación Física es educar a través de la motricidad. El movimiento no hay que entenderlo como movilización mecánica de segmentos corporales, si no como la expresión de percepciones y sentimientos, de tal manera que el movimiento consciente y voluntario es un aspecto significativo de la conducta humana*".

1.1. INICIO DE LA EDUCACIÓN FÍSICA.

Uno de los problemas tradicionales a la hora de sentar las bases teóricas y conceptuales viene determinado por el establecimiento del punto de **arranque** de la Educación Física como elemento o medio de educación. Existen muchos, pero exponemos los más significativos (Villada y Vizuete, 2002):

CLÁSICOS	EVOLUCIONISTAS	ORTOPEDAS	NATURALISTAS

- Los tratadistas **clásicos** de la Educación Física sitúan, de acuerdo con la metodología histórica tradicional, el origen de la Educación Física en el mundo **greco-romano**, para, en una visión pretendidamente histórica, llegar al momento actual como consecuencia del devenir y de la evolución de las actividades humanas.

- Para otros, en una visión mucho más cercana a las teorías **evolucionistas**, la Educación Física está íntimamente ligada al desarrollo de los seres humanos desde la **aparición** de éstos sobre la tierra; así, las capacidades físicas de actuación sobre el medio y los objetos que definen las etapas de la humanidad estarían marcando logros y avances en la educación del cuerpo en una progresión que nos llevaría, sin solución de continuidad, desde la *pebble culture* y el *homo habilis* a los atletas olímpicos de nuestros días.

- Otros autores, sitúan el nacimiento de la Educación Física en las técnicas de **enderezamiento** y en las pedagogías de las **posturas** iniciadas en los siglos XVII y XVIII. Chinchilla y Zagalaz (2002), se lo adjudican a Locke en 1693 o a Basedow en 1762, aunque reconocen que "*la existencia de una sistematización y la utilización de una metodología no ocurre hasta el siglo XIX*".

- Una cuarta vía establece en **Rousseau** el nacimiento de la Educación Física; para él está **integrada** en la Educación General, prepara y completa la formación intelectual y es indispensable en la educación moral, facilitando el retorno a la **naturaleza**.

2. EVOLUCIÓN Y DESARROLLO DE LAS DISTINTAS CONCEPCIONES.

Para la elaboración de la totalidad de este punto seguimos, fundamentalmente, a Langlade (1986), Vicente (1988), González (1993), Zagalaz (2001), Chinchilla y Zagalaz (2002), Romero Cerezo y Cepero (2002), Camacho (2003), Paredes (2003), Monroy y Sáez (2008), Cañizares y Carbonero (2008), Torrebadella (2013) y Zagalaz, Cachón y Lara (2014).

De forma muy resumida veremos la **transformación** que ha tenido el concepto de educación física a lo largo de la Historia, aunque algunos de ellos sigan vigentes. Para ello acudimos a la **evolución** marcada por **Langlade**, que divide a la historia de la Educación Física en dos grandes eras: la gimnástica **antigua** y la era gimnástica **moderna** (Zagalaz, Cachón y Lara, 2014).

a) Antigua, desde 400 (a. C.) hasta siglo XVIII. Se subdivide en tres periodos: helenismo, humanismo y filantropismo, Tiene una concepción globalizadora ligada a la música, poesía y danza.
b) Moderna, se inicia en S. XVIII y dura hasta finales del S. XX. Tiene una concepción diferencial porque discrimina entre las distintas formas de movimiento, sus objetivos y características. Tienen lugar las grandes escuelas y movimientos, apoyados por la tecnología.

Si seguimos a Zagalaz, Cachón y Lara (2014), se inicia a finales del S. XX la "**era gimnástica de integración**", donde se rompen los límites contextuales y conceptuales de la educación física y se produce una proyección internacional que busca la salud y calidad de vida, así como la mejora de los aspectos educativos, sociales y culturales. Incide también en la formación del profesorado y la práctica físico-deportiva a todos los niveles.

Vamos a estudiar, **especificándolo** aún más con una serie de **sub periodos**, estas tres eras:

2.1. CONCEPTOS EN LA PREHISTORIA Y PRIMERAS CULTURAS.

- PREHISTORIA
    - Gracias a una óptima condición física se lograba la supervivencia individual y del grupo.
    - Habilidad en el dominio corporal y en la destreza manipuladora de armas y herramientas, la eficiencia física: caza, construcción, etc.
    - Tenían al ejercicio -mezcla de magia y religión- como útil para luchar contra las fuerzas misteriosas.

- CHINA
    - Confucio escribe el "cong fu" o ciencia de la vida donde tiene importancia la medicina y los ejercicios físicos.
    - Recursos mágicos.
    - Ejercicios musculares y masajes terapéuticos.

- JAPÓN
    - Pueblo insular. Deportes acuáticos y natación.
    - Gimnasia médica. Importancia del masaje dado por ciegos.
    - Ejercicios de agilidad con pica de bambú.
    - El jiu – jitsu, triunfo de la agilidad sobre la fuerza.
    - Evitar la fatiga y los nervios.
- INDIA
    - Actividades de lucha tipo militar con y sin armas.

- o Actividades de danza con motivos religiosos, agresivos, defensivos y pantomímicos.

- *EGIPTO*
    - o Concepto de la belleza en las formas humanas por primera vez.
    - o Ejercicios de carreras, saltos y lanzamientos de jabalina.
    - o Juegos de tipo popular con aros y cuerdas.

- *LOS PERSAS*
    - o Había educadores para el cuidado de los niños.
    - o Los niños recibían cultura física. Ejercicios duros y a la intemperie.
    - o El deporte favorito era el polo, considerado como símbolo de habilidad y cortesía.

- FILISTEOS
    - o Tenían una gran destreza en el manejo de las armas, sobre todo el arco.

- *FENICIOS*
    - o Concepto náutico. Muy diestros en el manejo de embarcaciones.

- CRETENSES
    - o Escuela gimnástica de gran perfección, de procedencia india, basada en el juego excitante con el toro, incluyendo los saltos por encima de los animales.
    - o Destacan los Juegos Cretenses, sobre todo las actividades relacionadas con luchas.

- *MESOAMÉRICA*
    - o Actividad física realizada por jóvenes bajo un concepto físico-militar.
    - o Juegos con motivos religiosos y de ocio. Destaca el primer "deporte" con pelota: "*ullamaliztli*", el más difundido de la cultura Azteca, formando parte de su currículo educativo.

2.2. CONCEPTOS EN EL MUNDO CLÁSICO.

- GRECIA ARCAICA
    - o Concepto del Areté, que es el fin de la educación. Síntesis de valor físico y militar es una de sus acepciones.

- ESPARTA
    - o Sociedad orientada hacia la guerra.
    - o Fortalecer a los ciudadanos para guerrear.
    - o Prácticas sangrientas y duras.
    - o Se puede considerar el comienzo de la gimnasia militar

- ATENAS
  - Se inicia un nuevo culto al cuerpo. Ejercicios para alcanzar la armonía.
  - Concepto del perfeccionamiento corporal como fin.
  - Tres maestros: el gramático, el citarista y el gimnasta.
  - **Sócrates**: Lleva su labor intelectual en la Academia.
  - **Platón**: La educación física adquiere dos conceptos distintos: preparación para la **defensa** de la ciudad y como formación del **espíritu**.
  - **Aristóteles**: Gimnasia al lado de la medicina. Busca la salud e higiene.
    - Afirma que la gimnasia era parte de la educación.
    - Ejercicios según la edad y otras diferencias individuales.
  - **Galeno**: Continúa la concepción naturalista y médica de Aristóteles.
  - **Hipócrates**: Asocia también actividad física y salud. El objeto de la gimnástica es la "euexia" o buen estado corporal.
  - El hecho físico como elemento educativo, como reto lúdico y competitivo.
  - Importancia de las **olimpiadas**. Concepto olímpico y sus valores.
  - La gimnasia educativa decae lentamente y perdura la médica y la deportiva que traspasa al mundo romano como espectáculo y no como actividad educativa.

- ROMA
  - Tiene valores propios, pero también otros de gran influencia helena.
  - Finalidad práctica. La integridad de la educación no era esencial.
  - Preocupación del cuerpo en los patricios.
  - Proliferó el concepto de la gimnasia atlética y profesional para entrenar a los gladiadores.
  - El estadio griego es sustituido por el anfiteatro.
  - Concepto de deporte espectáculo.
  - Juegos de pelota, carreras con cuadrigas, luchas, etc.
  - Conseguir buenos soldados

2.3. CONCEPTOS EN LA EDAD MEDIA.

- El concepto educativo y espectáculo desaparece. Domina un espíritu que considera marginal a la actividad física.
- Reclusión interior. Ascéticos. Se venera lo interior y se mancilla lo físico.
- La formación del caballero. Sólo los caballeros se forman físicamente.
- Prácticas en justas, torneos, danzas y cacerías, pero como actividad de ocio, no educativa y normalmente destinado a la nobleza.
- La persona culta tiene una educación intelectualista.
- Miembros activos de las órdenes militares necesitan condición física para la "guerra santa".

2.4. CONCEPTOS EN EL RENACIMIENTO.

- En general, se produce una vuelta al mundo clásico. Concepto educativo y humanista, que considera íntegramente al individuo.

- El concepto humanista admite que el cuerpo tiene un papel expreso para el alma, por ello agregan el juego y el ejercicio a la educación.

- **P. P. Vergerio.**
    - Escribe "De ingenius motribus", considerado como la primera exposición clara del nuevo enfoque humanístico de la educación.
    - Primera escuela pública con la inclusión de los ejercicios gimnásticos con otras materias.

- **V. Da Feltre.**
    - Concepto educativo. La gimnasia en la educación.
    - Funda en Mantua la "Casa giocosa"
    - Es, para algunos, el fundador de la Educación Física.

- **H. Mercurialis.**
    - Recupera la gimnasia médica y natural. Enlaza el concepto griego y moderno.

- **J. Comenio.**
    - Pedagogo que inscribe obligatoriamente los ejercicios corporales en el programa y horario escolar, con los tres "8": ocho horas de trabajo, ocho horas de reposo y ocho horas de ejercicio corporal higiénico.

- **L. Vives.**
    - Representante del humanismo en España.
    - Defiende la introducción de la educación física en los programas educativos.
    - Destaca valor de ejercicio y del juego compartido con los demás.

- **J. Locke.**
    - Filósofo y pedagogo, que aboga por una educación para formar al "gentleman".
    - Al lado de la formación intelectual estará la educación física.
    - Los juegos serán fundamentales en los niños.

Así finaliza la "**era gimnástica antigua**", en la que la actividad física formó parte de la historia de la humanidad actuando como elemento socializador y agente educativo (Zagalaz, Cachón y Lara, 2014).

2.5. CONCEPTOS EN EL SIGLO XVIII (ILUSTRACIÓN).

- ***J. J. Rousseau*** *(1712-1778)*
    - "Padre" de la educación física moderna. Introduce el naturalismo.

- Obra importante: "El Emilio".
- Educación física dirigida hacia la totalidad del individuo.
- El movimiento engendra conocimiento. Primer pedagogo que hace intervenir el cuerpo en la mejora de la inteligencia. Importancia de la educación de los sentidos.

- **J. B. Bassedow** *(1723-1790)*
  - Pedagogo alemán. Funda el Instituto Filantrópico de Dessau (1774).
  - Aplica las ideas de Rousseau. Propone que los ejercicios físicos constituyan una parte esencial del plan educativo.
  - Como humanista, tiene su idea de educación integral del ser humano sobre los pilares de la autonomía moral, intelectual y física.
  - Su método didáctico establece la progresión en la enseñanza, yendo de ejercicios más simples a complejos y de ejercicios parciales a totales.

- **J. Guts Muths** *(1759-1839)*
  - Funda la gimnasia alemana. "Padre" de la Gimnasia Pedagógica Moderna. Influencia en la "Gimnasia Educativa" española de mediados del S. XX.
  - Regreso a la naturaleza con ejercicios elementales para recrear a sus alumnos.
  - Clasificación de los ejercicios. Concepto pedagógico.

- **Nachtegall** (1774-1844)
  - Danés. Inserta la Educación Física en la Escuela Primaria. Concepto pedagógico.

- **J. H. Pestalozzi** *(1746-1827)*
  - Pedagogo suizo.
  - Crea la escuela popular en la que el ejercicio físico es imprescindible para el niño.
  - Coincide con Rousseau en la mayoría de los planteamientos educativos.
  - Crea la Educación Integral.
  - Gran influencia en toda Europa donde se fundan los Institutos Pestalozzianos.

- **G. Jovellanos** (1744-1810)
  - Realiza un plan de educación pública que se significó por la inclusión del ejercicio corporal.

Ofrecemos a las personas que nos leen y que desean un resumen "tipo flash", una tabla con las diversas conceptualizaciones vistas anteriormente, a la que añadimos detalles muy específicos de la época Moderna, y que nos dan servicio también para el Tema 16. En función de nuestras necesidades, podemos aumentar (difícilmente disminuir) sus contenidos.

ÉPOCA	CONCEPTO ED. FÍSICA
Prehistoria	La lucha por la vida. Ejercicios para actividades de supervivencia (caza, recolección, traslado, etc.)
Antigüedad, Lejano y Extremo Oriente	Ejercicios con fines religiosos, terapéutico, guerrero
Grecia, Atenas, Esparta	Ciudadano integral. Deporte (JJ. OO.) Educativo. Guerrero
Roma	Conquista (guerrero). Circo, profesionalismo
Edad Media (Feudalismo)	Ejercicios realizados por caballeros para la preparación de torneos. Lucha por ideales: las Cruzadas.
Renacimiento	Vuelta al mundo clásico. Concepto educativo y humanista, que considera íntegramente al individuo. Se añade el juego a la educación. Comenio, Merculiaris, Vives...
Siglo XVIII	Conceptos pedagógico, natural y humanista. Rousseau, Muths, Nachtegall, etc.

2.6. CONCEPTOS EN EL SIGLO XIX.

Destacamos a los siguientes autores:

- *F. Amorós* (1770-1848)
    - Militar español exiliado a Francia.
    - Discípulo de Pestalozzi, Guts Muths y con influencias de Jahn.
    - Creador de la Educación Física en Francia.
    - Trata de introducir la Educación Física en la escuela.
    - Define la Educación Física como la ciencia razonada del movimiento.
    - Trabajo mediante la imagen visual de los movimientos.
    - Se acompaña con cantos y el uso aparatos.

- *P. Ling* (1776-1839)
    - Creador de la gimnasia sueca.
    - Concepto analítico y estático, además de correctivo, anatómico y biológico. Aburrida para los niños.
    - Divide la gimnasia en pedagógica, militar, médica-ortopédica y estética.

- *F. L. Jahn* (1778-1852)
    - Continuador de la gimnasia de G. Muths.
    - Las circunstancias políticas marcaron su tipo de gimnasia. Patriotismo alemán.
    - Funda el "Turnen", que gira en torno a la gimnasia con aparatos.
    - Gimnasia político-militar-nacionalista, con exaltación de la raza, y de preparación de hombres fuertes y moral alta.

- *T. Arnold* (1795-1842)
    - Concepto deportivo, introduce el deporte en la Educación.

- Hace del deporte un estilo de vida.
- Reglamenta los juegos conocidos y practicados.

- **A. Spiess** (1810 – 1858)
  - Este pedagogo fue el que realmente incorporó la gimnasia a las instituciones educativas de Alemania. Comenzó su carrera como maestro en la escuela de Pestalozzi.
  - Implantó un programa donde los estudiantes participaban durante dos horas seguidas, tres veces a la semana. Además, confeccionó un programa especial para niñas y realizó modificaciones y adaptaciones para los más jóvenes.
  - El programa de Educación Física debe poseer el mismo nivel de importancia que otras disciplinas académicas.
  - Se debe prever un programa de Educación Física bajo techo (interiores) paralelo a otro programa que se lleve a cabo al aire libre (exteriores), en ambos casos progresando en intensidad.

- *G. Demeny (1850-1917)*
  - Introduce la gimnasia funcional. Fundamenta científicamente la gimnasia.
  - El equilibrio de las funciones del cuerpo es la perfección humana.

- *Las Escuelas (1800-1900)*

El siglo XIX es denominado en Europa como "**periodo de las escuelas**", cada una con sus rasgos y tendencias propias. Destacamos cuatro en el Viejo Continente, más la Americana del Nuevo:

ESCUELA	AUTOR	CONCEPTO
Sueca	P. Ling	Analítico/Médico
Alemana	Muths y Jahn	Pedagógico/Nacionalista
Francesa	Amorós	Militar/Acrobático
Inglesa	Arnold	Deportivo
Americana	Karl Follen, Karl Beck y Binet	Deportivo. Investigador

Las Escuelas tienen como característica general una conceptualización diferenciada frente a la globalizadora de la Era Gimnástica Antigua. Reconocen el Deporte, Juego, Danza, Expresión, etc.

Escuela sueca. Su precursor fue Pier Henrrik Ling. Sus primeras lecciones se basan en las ideas de Guts Muths. Por medio de ejercicios variados en las posiciones de pie, sentado o tendido, por el empleo de cuerdas, barras para la suspensión, escalas de ondulación, se prepara a la juventud y se entrenan para evitar la fatiga. Por medio de ejercicios de saltos, volteretas y movimientos de agilidad, se educa para obrar con precisión en un momento dado.

Fue su hijo Hjalmar Ling, padre de la gimnasia escolar, quien sistematizó, ordenó y completó la obra de su padre. Creó las famosas **tablas** gimnásticas y desarrolló el esquema de la gimnasia, y con éste la interpretación nórdica del principio de la totalidad.

Escuela alemana. La gimnasia pedagógica de Guts Muths tuvo su continuación en A. Spiess, padre de la gimnasia escolar alemana. Plantea su práctica de acuerdo a los principios anatómicos y fisiológicos. En contra aparece la concepción nacionalista de Jahn. Con Jahn nace el Turnen nombre que suprime el Gymnastik de G. Muths y que dura hasta 1939. El Turnen utiliza ejercicios con aparatos, cuerdas, escalas, trapecios, etc.

Escuela francesa. Las ideas de G. Muths sobre gimnasia fueron cogidas por Amorós, que en 1851 lo pone como asignatura, con un carácter militar acrobático. Su gimnasia conoció en esa época éxito, aunque por su carácter militar y sus exigencias acrobáticas y de riesgo tuvieron detractores. Por ello surge un movimiento en contra, por considerarla no adecuada para los escolares. Sus autores proceden de la corriente científica como Tissié, Lagrange y Demeny, entre otros.

Escuela inglesa. Satisface sus necesidades sobre la base de los juegos, las actividades atléticas y los deportes. Busca la ocupación del ocio por el deporte en chicos ingleses burgueses y aristocráticos, internos en colegios. Su figura más importante es Thomas Arnold. Éste institucionaliza el deporte y le da un carácter serio. El deporte se extiende desde Inglaterra a todo el mundo, sobre todo a U.S.A. gracias a lo emigrantes.

Fuera de Europa debemos subrayar la Escuela Americana.

Escuela Americana. Para Zagalaz (2001), *"la Educación Física en U.S.A. empezó a conocerse en Boston, hacia 1820, con la llegada de los inmigrantes suecos y alemanes. Su obligatoriedad en la escuela empieza en 1864 en algunos estados. La relación mantenida con Gran Bretaña hace que el impulso deportivo originario de las islas llegara con fuerza. Las Universidades juegan un papel fundamental en el desarrollo deportivo"*. Descubren y desarrollan grandes deportes, como Baloncesto y Voleibol. También investigan, ya en el siglo XX, el aprendizaje motor y la importancia del "skill" o habilidad. Inventan y ponen de moda el aeróbic y sus variantes, juegos de playa, máquinas de musculación, etc. (Paredes, 2003).

Independientemente de lo anterior, debemos también reseñar el llamado "**Movimiento Higienista**" (finales del siglo XIX y principios del XX). Debido a la insalubridad de las grandes ciudades que está desencadenando la revolución industrial, surge una preocupación social por la higiene ambiental, que llega hasta la escuela, donde se empiezan a dar los primeros criterios de higiene en los edificios escolares (Delgado, Tercedor y Tercedor, 2008).

2.7. CONCEPTOS EN EL SIGLO XX.

2.7.1. PRIMER TERCIO DEL SIGLO XX.

El primer tercio del pasado siglo es conocido como el "**Periodo de los Movimientos**" (1900-1930) y de hecho es **producto** de renovaciones de las Escuelas o Tendencias antes citadas. Los Movimientos aglutinan a **varios Estados** que, inspirados en los orígenes de cada escuela, desarrollan, perfeccionan y organizan diversas corrientes que aún en la actualidad tienen su importancia.

MOVIMIENTO	CONCEPTO	AUTORES
Norte (Escandinavia)	Rítmico. Acrobático. Balanceos.	N. Bukh; E. Björksten
Centro (Alemania)	Rítmico. Natural.	I. Duncan; J. Dalcroze
Oeste (Francia)	Natural. Científico.	G. Hèbert;
Deportivo (Inglaterra y Francia)	Deportivo. Reinstauración JJ.OO. (1896)	P. Coubertin

- **M. de Centro**

    Representa las nuevas ideas y corrientes gimnásticas de Alemania, Suiza y Austria. Comprende al Movimiento Rítmico de Dalcroze; Gimnasia Expresiva de Rudolf Bode y otros y a la Gimnasia Natural Austriaca de Gaulhofer y Streicher.

- **M. del Norte**

    Formado por la escuela sueca o nórdica. De su evolución surgen tres tendencias:

    - Técnico-Pedagógica, con una concepción educativa. Destacan Elli Björkstén, en la gimnasia femenina; Niels Bukn en la gimnasia básica; M. Carlquist en juegos y destrezas.
    - Ecléctica, con J. G. Thulin, creador del "cuento lección" o "cuento motor".
    - Científica, destacando J. Lindhard con una concepción fisiológica del ejercicio.

- **M. del Oeste**

    Se genera en Francia como corriente crítica a los métodos de Amorós, sobre todo por el suizo afrancesado Clias. Sobresalen dos tendencias, aunque unidas por el Eclecticismo de Demeny:

    - Científica, con autores tales como Marey, Lagrange y Tissié, especialistas en ciencias médicas.
    - Técnico-Pedagógica, representada por G. Hèbert. Crea el Método Natural basándose en las actividades primitivas de las personas en contacto con la naturaleza. También incluye a la línea psicomotricista.

- **M. Deportivo**

    Evolución de los juegos deportivos ingleses. Influye la reinstauración de los Juegos Olímpicos por Pierre de Coubertin en 1896 y el descubrimiento y popularización de nuevos deportes, sobre todo en U.S.A.

2.7.2. SEGUNDO TERCIO DEL SIGLO XX.

A partir de 1939 y, sobre todo, tras la 2ª Guerra Mundial, se produce la **internacionalización** progresiva, fruto de la mejora de las **comunicaciones**, de las influencias recíprocas y de la universalización de los conceptos. Por otro lado hay que considerar el avance de la investigación científica en general.

a) El **Movimiento de Centro** expande la Gimnasia Natural Escolar, que en España se conoce a través de los cursos de Gerard Schmitd; la rítmica y la artística.

b) Del **Movimiento del Norte** surge la gimnasia educativa, muy aplicada en España desde los años 50 a los 70. También los sistemas para la mejora de la condición física.

c) El **Movimiento del Oeste** propaga la **psicomotricidad**, que estudia la relación entre la actividad psíquica y la función motriz (Mendiara y Gil, 2003). Entre las tendencias psicomotricistas, destacamos a Jean le Boulch, médico y profesor de Educación Física, quien lleva la educación psicomotriz hacia una nueva corriente, el Método Psicocinético (Rigal, 2006).

d) El **Movimiento Deportivo** inglés prosigue su desarrollo, sobre todo con la extensión, politización y promoción de los Juegos Olímpicos y otros similares (Mediterráneo, Panamericanos, Comonwell, etc.), además de los campeonatos internacionales. Influye la creación de nuevas federaciones y la comercialización.

e) **Las Escuelas Gimnásticas situadas al Este de Europa.** Tras la 2ª Guerra Mundial, en países como China, Alemania del Este y la antigua URSS, el deporte va a ser el vehículo para el adoctrinamiento político, nacionalizándolo, planificando métodos, a veces inmorales, y haciendo un gran esfuerzo por dotar de medios necesarios al sistema para poder desarrollarlo. En este sentido la Educación Física se convierte en una herramienta fundamental para la práctica deportiva y la selección de talentos que representarán a la nación en las competiciones deportivas.

Si nos centramos en **España**, desde los años 50 debemos señalar la importancia que se le daba al **deporte**, por lo que la asignatura se llegó a llamar "Educación Física y Deportes". También se acuñó el término "Gimnasia Educativa", por influencias de la gimnasia sueca, que consistía en la realización racional de ejercicios analíticos para mejorar fuerza y flexibilidad. Tenía un carácter "pre-militar", sobre todo por la metodología directiva que se usaba. Ya, a partir del "Mayo francés" (1968), se introducen nuevos conceptos, como la expresión corporal, el juego dramático, etc. (Vázquez, 1989).

2.7.3. CONCEPTOS SURGIDOS A FINALES DEL SIGLO XX Y PRINCIPIOS DEL XXI. ÚLTIMAS TENDENCIAS.

Vázquez (1989), tras realizar un análisis histórico de la Educación Física hasta nuestros días, concluye que coexisten tres corrientes:

a) La educación físico-deportiva o *"cuerpo acrobático"*.

b) La educación psicomotriz o *"cuerpo pensante"*.

c) La expresión corporal o *"cuerpo comunicación"*.

Sáenz-López (2002), citando a Garrote (1993), indica que las principales tendencias de los últimos años del siglo XX y principios del siglo XXI, son:

a) Corriente Deportiva, sobre todo desde Barcelona'92 y en auge continuo por las numerosas competiciones internacionales que se dan en nuestra comunidad.

b) Corriente Psicomotriz, que hizo su aparición en nuestro país en la década de los setenta del pasado siglo (Mendiara y Gil, 2003).

c) Corriente Expresiva, muy numerosa y variada. De gran importancia tras los DD.CC.

d) Corriente Educación Física de Base. Procede de la Psicocinética de Le Boulch, si bien la introduce en España e Hispanoamérica el doctor Legido. Ha sido estudiada, además, por la Universidad de Lovaina.

e) Corriente Investigadora, que se centra en el estudio del aprendizaje motor, por ejemplo Cratty y en el de la metodología, como Mosston.

f) Corriente **Sociomotriz** y "Praxiología Motriz" (Parlebas, 2001). Ésta es la ciencia de la acción motriz, analiza juegos y deportes y su lógica interna, sus estructuras, etc. A este investigador, el concepto psicomotriz de Le Boulch le parece insuficiente, ya que alude a aspectos individuales del movimiento, a una motricidad aislada cuyo punto de referencia es el colectivo. La motricidad individual se ve afectada continuamente por la de los compañeros y adversarios del juego, por lo que es una "motricidad de relación" o "Sociomotricidad", típica de los juegos y deportes colectivos (Parlebas, 2003).

Romero Cerezo y Cepero (2002), indican seis concepciones actuales:

a) C. Psicomotriz.
b) C. Educación Física de Base.
c) C. de Juego y Deporte.
d) C. de Salud y Condición Física.
e) C de Actividad Física en el Medio Natural.
f) C. Expresivo y Comunicativo.

Navarro (2007), indica que la Educación Física ha experimentado en las últimas décadas del siglo XX cambios muy importantes que enmarcan a dos periodos:

a) Desde mediados de la década de los 80 a 1992. Incluye la Reforma, LOGSE (1990), currículos del MEC y de las C.C. A.A. La idea de la Educación Física es integradora de enfoques y contenidos, más por una integración ávida de nuevos planteamientos que por coherencias internas de los mismos. La llamada "educación física-rendimiento", va dejando paso a la "educación física-salud". No olvidemos que hasta la publicación de la LOGSE (1990) y la legislación nacional y autonómica que la desarrolló, el **currículo** de Educación Física era **inexistente**.

b) Desde 1992 a final de siglo. Caracterizado por la llegada de la perspectiva crítica a la Educación Física escolar, la maduración del currículo, el enfoque de la salud, y del desarrollo más completo de propuestas didácticas (de la metodología y la evaluación, especialmente), sin olvidar el asentamiento del modelo cognitivista y estructuralista del aprendizaje deportivo, y el impulso del campo científico de la Educación Física.

En los últimos años del siglo XX surgen numerosos y nuevos conceptos, quizás motivados por la **popularización** de la actividad física en nuestro país. Por ejemplo, la política de construcción de instalaciones deportivas emprendidas por las administraciones públicas, que incluyen en muchos casos piscina climatizada. También debemos señalar que el Área de Educación Física es impartida por docentes especialistas, la creación en numerosos centros de talleres deportivos (actividades extraescolares), la difusión del binomio conceptual "actividad física-salud", el diseño de nuevos materiales **alternativos** que facilitan la práctica desde las primeras edades, campañas publicitarias destinadas al "consumo deportivo", como las carreras populares, marchas en bicicletas (que incluyen en muchas ciudades la construcción de "carriles-bici" y un servicio de alquiler de las mismas a bajo costo), la profusión y especialización de establecimientos comerciales con artículos deportivos, la oferta de gimnasios públicos y privados que incorporan cada temporada nuevos programas para atraer a más usuarios, aunque no nos podemos olvidar de la preocupación de gran parte de la población por hacer una actividad física beneficiosa para su organismo, apoyada en grandes campañas publicitarias donde incluimos Internet y canales de televisión específicos de la actividad física y el deporte.

Podemos afirmar que finaliza así la "**era gimnástica moderna**" (Zagalaz, Cachón y Lara, 2014). Los valores más demandados por la sociedad fueron los educativos, de ahí la creación de las escuelas gimnásticas para desarrollarlos y las leyes de educación para recogerlos. Para estos autores, estamos ya en la "**era gimnástica de integración**". Surge por los **cambios** producidos en los últimos años en las sociedades occidentales y algunas orientales debido al desarrollo económico y a la tecnologías de la información y comunicación. Estos procesos permiten asociaciones sobre planteamientos sociales, educativos y culturales: noción del cuerpo; lucha contra el sedentarismo; consecución de salud y calidad de vida a través del ejercicio físico; ocio activo... Por todo ello, en esta era se **integran** en la sociedad de la información y comunicación: valores **sociales** como ocio, salud; valores **culturales** potenciando las redes sociales y el multiculturalismo; valores **educativos** como autoestima, cooperación, tolerancia o respeto.

Cañizares y Carbonero (2006), señalan, entre otros, a los siguientes **conceptos** aparecidos en los tres **últimos decenios** del siglo XX y que siguen vigentes y desarrollándose en pleno siglo XXI.

- Concepto **Alternativo**. Se inicia en España en 1988 a través del profesor del I.N.E.F. de Madrid, Manuel Hernández. "*Surge con la idea de introducir nuevas formas que haga posible una evolución más racional del juego y el deporte, así como una adaptación a los intereses de la sociedad actual*" (Hernández, 1994). Busca **nuevos recursos materiales**, móviles preferentemente, basados en materiales plásticos. Sus características de novedad, adaptación, seguridad, motivación, creatividad y precio hacen que en poco tiempo sean muy populares. Actualmente son de gran ayuda para el trabajo de las habilidades perceptivo-motrices y básicas, sobre todo. Ejemplos son los discos voladores, palas, pelotas gigantes, paracaídas, pompones, diábolos, etc.

- Concepto **Multideportivo**. Si bien tiene su inicio hacia finales de los años 70 del pasado siglo, entendemos que sigue vigente en la actualidad. Surge en un intento de **sistematizar y darle contenido a la asignatura de educación física** que se impartía en Bachillerato, en un momento que **no había aún un currículo oficial**. Augusto Pila, principalmente estructura "su método" al que se le unen posteriormente alumnos suyos como Cantó. La enseñanza multideportiva se realiza en tres categorías de deportes: individuales, de adversario y colectivos.

- Concepto **Recreativo/Educación para el Ocio Activo y Saludable** También conocido como "**Movimiento social hacia la salud**" (Delgado; Delgado y Tercedor, 2008), a partir de los años 80 y que, entendemos, dura hasta la actualidad. Surge un tanto en contraposición al Movimiento Fitness y como consecuencia de las pautas del currículo LOGSE. Hay una preocupación hacia la actividad física saludable, no competitiva; hacia la alimentación sana; las actividades deportivas en el tiempo extraescolar, etc. Se busca que el alumnado domine una serie de juegos para hacer en su tiempo de ocio y vacacional y, por tanto, crear **hábitos** y estilos saludables. Un ejemplo de ellos son los juegos populares-tradicionales y los juegos con materiales "alternativos". Está muy presente en la **escuela actual** a través de los objetivos de Etapa, Área, bloques de contenido, etc. En esta misma línea, podemos encuadrar los programas de ayuntamientos y otros organismos en la organización de eventos regulares (talleres de gimnasia, de juegos populares, "Thai Chi", planes para un "envejecimiento activo y saludable", etc., así como manifestaciones multitudinarias como los "paseos, carreras y rutas populares en bicicletas", fiestas deportivas, etc. (Navarro, 2007). A diario podemos comprobar también cómo cientos de personas realizan estas mismas actividades saludables de forma individual o en pequeños grupos. En Andalucía, a partir de 2008 va tomando cada vez más importancia los paseos en bicicleta aprovechando la construcción masiva en pueblos y ciudades de **carriles-bici**. Éstos son aprovechados también por patinadores. Muchas de estas nuevas vías se acompañan con instalaciones complementarias tales como los "**circuitos biosaludables**", es decir, máquinas de acondicionamiento, como la de los gimnasios, accesibles a mayores para que éstos puedan movilizar sus articulaciones.

En ello, entendemos, tiene mucha importancia las recomendaciones médicas que llegan continuamente a nuestros mayores (Calderón, 2012) y Fernández del Olmo (2012).

En este sentido, podemos destacar una actividad física que cada vez tiene más adeptos entre nuestro alumnado como es el "**Parkour**" o "el arte del desplazamiento". La entendemos como una filosofía que consiste en desplazarse de un punto a otro lo más eficiente y operativamente posible, usando fundamentalmente las posibilidades y habilidades del cuerpo humano para superar los obstáculos que se presentan en el recorrido, tales como vallas, muros, barandas, paredes, etc., en ambientes urbanos y árboles, rocas, ríos, etc. en ambientes rurales.

También, el **R.D. 126/2014** hace referencia a este término: El abanico de actividades de la propuesta curricular debe reflejar las manifestaciones culturales de la sociedad en la que vivimos, que se manifiesta tanto en nuevas formas de ocio como el turismo activo y las actividades de *fitness* o *wellness*, como en los juegos y deportes, o en las manifestaciones artísticas.

En cualquier caso, no debemos olvidar lo expresado por la LOMCE/2013, en su disposición adicional cuarta sobre "***promoción de la actividad física y dieta equilibrada***". "Las administraciones educativas adoptarán medidas para que la **actividad física y la dieta equilibrada** formen parte del comportamiento infantil y juvenil. A estos efectos, dichas Administraciones promoverán la **práctica diaria de deporte y ejercicio físico** por parte de los alumnos y alumnas **durante la jornada escolar**, en los términos y condiciones que, siguiendo las recomendaciones de los organismos competentes, garanticen un desarrollo adecuado para favorecer una vida activa, saludable y autónoma. El diseño, coordinación y supervisión de las medidas que a estos efectos se adopten en el centro educativo, serán asumidos por el **profesorado con cualificación** o especialización adecuada en estos ámbitos.

- Concepto **Physical Fitness**. Traducido como condición y aptitud física. Es un movimiento que pretende el desarrollo exclusivo de la condición física. Pero no sólo implica a la actividad física, sino a la salud, alimentación, mente, estilo, etc., consiguiendo una actitud más positiva hacia la vida diaria. Se realiza a nivel de gimnasios y en muchas ocasiones va parejo al aeróbic. No obstante, se le reconoce un concepto de **salud y bienestar**. En este mismo sentido surge en 2014 el baile-fitness "**Sh'Bam**". Una modalidad en grupo que se sale de las típicas rutinas y que combina movimientos sencillos de hasta doce estilos diferentes. El "**crossfit**" se populariza en 2015, proviene de USA y es un tipo de entrenamiento funcional de alta intensidad con ejercicios muy variados y diseñados a partir de las acciones de la vida diaria. El popular y tradicional **yoga** y, en los últimos años el **Pilates** podemos clasificarlo en este apartado. El "bootybarre" se aprovecha de ambos. Hacia 2016 se inicia el concepto de "entrenamiento en suspensión" o **TRX**. El concepto de "**coaching**" o **entrenador personal** está avanzando de manera muy significativa en los gimnasios.

- **Aeróbic**. Movimiento deportivo popularizado por el Dr. Kenneth Cooper en 1968 con ejercicios de baja o moderada intensidad para el desarrollo del sistema cardio-vascular. Posteriormente lo relanzó Jane Fonda, entre otras. Existen muchas variantes y tiene hoy día una estructura con una **comercialización** extraordinaria, por ejemplo, step, latin aeróbic (Fernández García, 2011). En los últimos años, el aeróbic se acompaña del agua, por ejemplo el aquaerobic, step-acuatic, o el programa Zumba, que fusiona ritmos latinos (salsa, bachata, merengue, reggeaton o samba) con ejercicios de tonificación para producir una coreografía sencilla. Otros ejemplos de variantes en aeróbic, son: spinning, body sculpt, box aeróbic, fat burn, tae bo, body jam, blended aeróbic y un largo etcétera en continua evolución.

- **Bailes de Salón**. Han reaparecido los bailes de salón y ocupan un puesto destacado en el currículo del tercer ciclo de Primaria. Mejoran la habilidad corporal (ritmo, coordinación) y la socio-afectividad. Por ejemplo, salsa, merengue, mambo, etc. En los últimos años cabe destacar la **Capoeira**, que es un arte marcial-danza brasileño, aunque con raíces africanas, y que empezó a ser practicada por los esclavos. Desarrolla las capacidades coordinativas y las físicas de flexibilidad, fuerza y resistencia, entre otros aspectos. No podemos olvidar los bailes tradicionales de Andalucía: sevillanas, etc (Otero 2012).

- Concepto **Actividades en la Naturaleza**. Las condiciones naturales y variopintas de nuestro entorno hacen que la oferta escolar, a través de empresas de servicios, vaya en aumento. Ejemplo de ello es el senderismo, náutica, escalada, hípica, bicicleta de montaña, vela, esquí, etc. También influye un tipo de turismo que busca la actividad física y deportiva, a veces de riesgo, en el medio natural (Quintana y García 2005).

- Concepto **Deporte Especial**. Nos referimos a las numerosas especialidades deportivas que se van incorporando para que sean realizadas por chicas y chicos con discapacidad. Empieza su importancia a raíz de los JJ. OO. de Barcelona-92 y cada vez tiene más medios, practicantes y apoyos institucionales.

- Concepto **Turismo-Deporte**. En los últimos años aparece el binomio vacación-deporte con la construcción de instalaciones deportivas en playas y espacios rurales. No olvidemos que la Comunidad Europea no concede la bandera azul de calidad a las playas que no tienen instalaciones deportivas en su entorno inmediato También, las instalaciones hoteleras tipo "SPA" podemos incluirlas aquí. En localidades donde existen buenas redes de "carriles-bici", surgen empresas de servicios de alquileres de bicicletas para que los turistas, además de hacer actividad física, puedan acercarse sin dificultad a las zonas monumentales y paisajísticas del entorno.

- Concepto **Investigador**. Tras publicación del D.C.A. (1992), Viciana (2000), destaca el concepto de investigación-innovación a través de un estudio sobre estas líneas que sigue el profesorado andaluz: innovación en la concepción del currículo, en los temas transversales, en la concepción de la Educación Física, en los estilos de enseñanza, en los recursos, en la investigación de la cultura lúdica popular de Andalucía, en las TIC, en los cuadernos de clase o patio, etc.
La O. de 15 de mayo de 2006 establece las bases para impulsar la

investigación educativa en los centros docentes públicos de la Comunidad Autónoma de Andalucía dependientes de la Consejería de Educación. Su temática es muy variada, como la investigación desde la perspectiva de género; la puesta en práctica de las tecnologías de la información y la comunicación o la **investigación en metodologías docentes.**

En 2007 el gobierno andaluz aprueba la creación del Registro Andaluz de Grupos de Investigación Educativa, al que se acogen colectivos que investigan numerosos ámbitos. Citamos la Resolución de 10/04/2007, de la D. G. de Innovación Educativa y Formación del Profesorado, por la que se aprueban Proyectos de Investigación Educativa y se conceden subvenciones, B. O. J. A. nº 87 de 04/05/2007.

Numerosos programas que se siguen en nuestras escuelas acuden a la investigación docente. Por ejemplo los relacionados con la integración, innovación educativa y desarrollo curricular, etc. Muchas de estas experiencias se conocen a través de sus publicaciones en las revistas electrónicas.

- Concepto **Ludificación o Gamificación.** En los últimos años, con la incorporación de contenidos teóricos a nuestra área, estamos viendo cómo surge un concepto plenamente identificado con el juego. Se trata de la "ludificación" -a veces traducido como "**gamificación**, o **juguetización**"- y que es el uso de técnicas, elementos y dinámicas propias de los juegos y el ocio en actividades no recreativas con el fin de potenciar la motivación, así como de reforzar la conducta para solucionar un problema u obtener un objetivo. Pretende introducir estructuras provenientes de los juegos para convertir una actividad a priori aburrida en otra que motive al alumno/a a participar en ella. Si bien introducir valores lúdicos a estas actividades no es una idea nueva, se trata de un concepto que se ha visto magnificado en los últimos años como consecuencia del auge del entorno digital (uso de las TAC), de los videojuegos y de estudios aplicados a estos, como la ludología (Cortizo et all., 2011).

- Concepto "**Coaching Educativo**". Es una técnica de preparación normalmente personal, individual. Tras iniciarse este concepto en el ámbito educativo, desde el prisma educativo consiste en un "acompañamiento supletorio a los escolares por parte de un profesional entrenador, cuyo objetivo es mejorar el rendimiento escolar, la educación emocional y los hábitos de salud, completando el trabajo de los demás docentes y de los padres con técnicas pioneras de coaching y programación neurolingüística (PNL). Se fundamenta en que todos tenemos un amplio potencial interior por desarrollar y necesitamos a alguien al lado que nos ayude a conseguirlo" (Zagalaz, Cachón y Lara, 2014).

- **Las TIC (TAC) en Educación Física**. En los últimos años, la llamada "sociedad de la información" ha venido a cambiar algunos conceptos educativos (Cebrián -coord.-, 2009). Esto se notó con la creación de los "Centros TIC" (Tecnología de Información y Comunicación) (Sancho, 2006). Todo ello ha hecho que la comunicación entre el alumnado, entre éste y sus maestros, y entre éstos y la administración, sea muy dinámica (Blázquez y otros, 2010). A partir de la LOMCE/2013, se empiezan a denominar también TAC (Tecnologías del Aprendizaje y del Conocimiento).

Prueba de ello es la creación, en el curso 2006-07, de nuevas herramientas para el sistema educativo andaluz por parte de la C. E. J. A. Se trata de la plataforma educativa "Helvia", el sitio Web "Averroes", creado en 1998, y la "Base Andaluza de Recursos Digitales" (BARTIC). Hay otras iniciativas como la Base Andaluza de Recursos de Innovación Educativa (BARIE), el programa "PASEN" para la comunicación con las familias, **tutorías electrónicas** y la realización de trámites administrativos. Algunos ejemplos de herramientas son los "Plan Lesson", "La caza del Tesoro", "Webquest", "Hot Potatoes", "JCLIC", los Blogs, etc. And@red es un servicio de redes entre los centros educativos acercando las TIC a la comunidad escolar. "EDUSPORT", en cambio, es una plataforma del M. E. C. D. que pone a disposición del profesorado numerosos recursos, incluidos los prácticos en formato video digital. Propone el desarrollo pedagógico para el área de educación física de los contenidos básicos para la educación.

Educanix es una plataforma que pone a disposición del profesorado de primaria numerosas herramientas que son de gran utilidad. **Moodle** y **Tiching** son dos **plataformas virtuales de formación online** gratuitas para mandar trabajos a los alumnos y evaluarlos.

Las "**wikis**" son una de las múltiples posibilidades que nos ofrece Internet. Resultan muy operativas a la hora de hacer trabajos en grupo, recopilación de datos, compartir resultados de una investigación, etc. También tenemos cada vez más experiencias en el sentido de usarlas conjuntamente con las familias para su atención personalizada.

La "**pizarra interactiva**", también conocida como "Pizarra Digital Interactiva" o **PDI**, consiste en conectar un ordenador a un video-proyector, que envía la imagen o texto generada por aquél a una superficie lisa, rígida, blanca y sensible al tacto o no, desde la que se puede controlar el P.C., hacer anotaciones manuscritas sobre la imagen proyectada, guardarla, imprimirla, exportarla, enviarla por correo electrónico, etc. en diversos formatos. La PDI controla el ordenador mediante su propia superficie con el dedo, bolígrafo u otro dispositivo, lo mismo que se hace con el ratón. Esto es lo que nos proporciona la **interactividad** con la imagen y lo que la diferencia de una pizarra digital "normal" -ordenador más proyector- (Cabero y Román -coords., 2008).

iDoceo es un cuaderno tradicional de notas para iPad y tablets. Podemos insertar y editar cualquier información referente a clases, materias y alumnos, visualizándolo por periodos escolares (trimestres, cuatrimestres, semestres...). Y todo ello sin tener que estar conectado a Internet.

Otras **plataformas** educativas muy actuales, son: Brainly; Docsity; Educanetwork; Edmodo; Eduredes; Eduskopia; Misdeberes.es; Otra Educación; RedAlumnos; The Capsuled; etc.

La Orden de 10 de agosto de 2007, por la que se desarrolla el currículo correspondiente a la Educación Primaria en Andalucía, enfatiza que "*las tecnologías de la información y de la comunicación formarán parte del uso habitual como instrumento facilitador para el desarrollo del currículo*". La implantación de las TIC hace obligado una renovación didáctica del profesorado (Imbernón, 2007).

Ya en el **siglo XXI**, se publica la Ley Orgánica 10/2002, de 23 de diciembre, de Calidad de la Educación. (L. O. C. E.), B. O. E. nº 307, de 24/12/2002. Tuvo una presencia poco significativa, sobre todo por motivos políticos. Cuatro años más tarde se publica la Ley Orgánica 2/2006, de 3 de mayo, de Educación (L. O. E.), B. O. E. nº 106, de 04/05/2006. Se desarrolla a través del R.D. 1513/2006, que establece las enseñanzas mínimas en Educación Primaria. Quizás una de las mayores novedades radica en la importancia del área de Educación Física a la consecución de las **Competencias Clave** al final de la Etapa Obligatoria (Pérez Gómez, 2007).

La Ley 17/2007, de Educación en Andalucía (L.E.A.), regula las materias no básicas que la L. O. E. permite a las comunidades autónomas. Se centra en:

- Aumentar el éxito escolar del alumnado.
- Avanzar en la adquisición de saberes para el siglo XXI.
- Fortalecer la posición del profesorado, potenciando su formación y las buenas prácticas docentes.
- Mejorar el funcionamiento de los centros educativos otorgándoles más autonomía.
- Apostar decididamente por un modelo actualizado y dinámico de evaluación.

La LOMCE/2013 **modifica** determinados aspectos de la LOE/2006 y se desarrolla por el R. D. 126/2014. A pesar de ser **recurrido** por varias comunidades autónomas, el T. Constitucional lo **desestimó**.

Podemos también destacar los **avances metodológicos**, pasando de una enseñanza tradicional, estática y transmisora a otra basada en la búsqueda, interaccionando con el medio, de agrupamientos flexibles y en el aprendizaje cooperativo. Hemos avanzado en la concepción del currículo, pasando de uno inamovible a otro que permite la diversificación curricular (O. de Diversidad del 25/07/08), la educación compensatoria -con las Aulas de Transición Lingüística y Social (ALISO) y las Aulas Temporales de Adaptación Lingüística (ATAL)- y la integración en el aula ordinaria al alumnado con discapacidad. Igualmente, el uso de nuevos **recursos**, desde los llamados "alternativos", a los de tipo multimedia e Internet que se irán desarrollando conforme avance el siglo XXI.

No debemos olvidar que la práctica del deporte puede constituir una herramienta de socialización muy potente para niños y niñas en situación de **exclusión social**, siempre que se tengan en consideración los ámbitos emocionales, madurativos y sociales de la persona que lo practica, y la formación, sensibilidad y objetivos pedagógicos de quien lo usa para educar (Gómez Lecumberri y otros, 2009).

Se publica el D. 230/2007, de 31 de julio, por el que se establece la ordenación y las enseñanzas correspondientes a la Educación primaria en Andalucía (B.O.J.A. nº 156, de 08/08/2007). Éste se remite a la posterior Orden de 10/08/2007, que desarrolla el currículo correspondiente a la Educación Primaria en Andalucía. También, entre otra normativa, se publican el Decreto 328/2010, de 13 de julio, por el que se aprueba el Reglamento Orgánico de los colegios de educación primaria. BOJA nº 139, de 16/07/2010 y la Orden de 20 de agosto de 2010, por la que se regula su organización funcionamiento, así como el horario de los centros, del alumnado y del profesorado. BOJA nº 169, de 30/08/2010.

En este mismo sentido, la LOMCE/2013 indica que "*el Ministerio de Educación y las consejería con competencia podrán determinar la carga horaria de las asignaturas.*" También determina a la Educación Física como "**asignatura específica**" en la Etapa Primaria.

En éste hay un detalle que no nos debe pasar desapercibido: "*las programaciones didácticas de todas las áreas incluirán actividades en las que el alumnado deberá leer, escribir y expresarse de forma oral*". Para ello podemos auxiliarnos de libros y cuadernos de las editoriales, aunque cada vez más usamos herramientas multimedia, como las Webquest, las "wikis" o los Blogs ya que estamos en plena expansión de las TIC (Expósito, 2010).

2.8. APLICACIÓN DE LOS DISTINTOS CONCEPTOS AL CURRÍCULUM ACTUAL.

Tras haber estudiado las concepciones aparecidas a lo largo de la Historia, vemos cómo muchos de esos conceptos están conectados con el currículum actual:

- **Concepto Natural**. A través de las habilidades y destrezas básicas, así como los juegos realizados en el medio natural y las actividades concretas que realizamos en el mismo: marcha, orientación, esquí, etc.
- **Concepto Analítico**. El ejercicio analítico se usa en ocasiones contadas, como es el caso de la relajación con el método de Jacobson "tensión-relajación segmentaria" o en el aprendizaje de los nombres y posibilidades de movimiento de los segmentos corporales. También, en actividades adaptadas en alumnos con algún tipo de discapacidad
- **Concepto Deportivo**. En la iniciación deportiva, sobre todo a partir de 3º ciclo, por regla general. El juego deportivo bien canalizado, es una importante fuente educativa de salud, de valores, etc.
- **Concepto Rítmico**. En actividades relacionadas con la percepción temporal, ritmo, coreografía, etc. También las prácticas de "aeróbic" y los llamados "bailes de salón", podemos encuadrarlas aquí.
- **Concepto Psicomotor**. Las percepciones corporales, temporales y espaciales son la base de toda la carrera motriz del alumnado de Primaria, de ahí su importancia desde 1º curso. Son imprescindibles por su conexión con los aprendizajes básicos escolares: lectura, escritura, etc.
- **Concepto Condición Física**. Tiene su importancia desde el punto de vista que perseguimos durante la Etapa un desarrollo armónico global, pero como factor de ejecución de la habilidad motriz. Está íntimamente unido a su aspecto saludable y no deportivo o de rendimiento.
- **Concepto Alternativo**. Tiene mucha importancia por dos de sus grandes aspectos, como juego para el tiempo de ocio y que éste sea saludable, y como recurso material mediador en el aprendizaje de la motricidad.
- **Concepto Recreativo**. Partimos de la base que debemos enseñar a nuestro alumnado juegos motivadores, como los populares o deportivos, para que lo realicen en su tiempo de ocio y que éste sea saludable. Además, debemos proporcionarles en el 2º y 3º tiempos pedagógicos espacios y materiales para que puedan tener una recreación, además de saludable, facilitadora de la comunicación con los demás.
- **Concepto Salud**. Muy unido a otros anteriores. Ahora debemos matizar el aspecto de las precauciones al realizar los juegos, como la equipación o el calzado adecuado, calentamiento, estiramientos, protecciones contra el sol o el frío, la rehidratación y la dieta acorde con sus organismo y actividad realizada.

CONCLUSIONES

A lo largo del tema hemos visto la evolución de los conceptos de Educación Física y cómo éste se ha ido concretando en las últimas décadas del siglo pasado. Algunos de ellos, por ejemplo el concepto de salud, sigue estando vigente. También hay que destacar la importancia de los DD.CC. para nuestra área porque, entre otras cosas, han supuesto un ordenamiento de la materia y han reconocido la importancia que tiene en la educación integral del alumnado. Por otro lado, la sociedad exige una adecuada educación física porque admite los múltiples valores que tiene.

BIBLIOGRAFÍA

- ANDALUCIA EDUCATIVA (2004). Nº 44, agosto 2004, *Convocatoria de ayudas al profesorado para la realización de proyectos de innovación educativa.* Contraportada. C.E.C.J.A. Sevilla.

- BLÁZQUEZ, D.; CAPLLONCH, M.; GONZÁLEZ, C.; LLEIXÁ, T.; (2010). *Didáctica de la Educación Física. Formación del profesorado.* Graó. Barcelona.

- BLÁZQUEZ, D. (2001). *La Educación Física.* INDE. Barcelona.

- CABERO, J. y ROMÁN, P. -coords.- (2008). *E-actividades.* MAD. Sevilla.

- CAGIGAL, J. Mª. (1975). *El deporte en la sociedad actual.* Magisterio Español. Madrid.

- CALDERÓN, F. J. (2012). *Fisiología humana. Aplicación a la actividad física.* Panamericana. Madrid.

- CAÑIZARES, J. Mª y CARBONERO, C. (2006). *Temario de oposiciones de Educación Física para Primaria.* Wanceulen. Sevilla.

- CEBRIÁN, M. -coord.- (2009). *El impacto de las T.I.C. en los centros educativos.* Síntesis. Madrid.

- CONTRERAS, O. (2004). *Didáctica de la Educación Física.* INDE. Barcelona.

- CORTIZO, J. C. et al. (2011). *Gamificación y Docencia: Lo que la Universidad tiene que aprender de los Videojuegos.* Actas de las VIII Jornadas Internacionales de Innovación Universitaria. Universidad Europea de Madrid.

- CHINCHILLA, J. L. y ZAGALAZ, M. L. (2002). *Didáctica de la Educación Física.* CCS. Madrid.

- DELGADO, M.; DELGADO, P. y TERCEDOR, P. (2008). *Calidad de vida y desarrollo del conocimiento personal a través de la expresión y comunicación corporal.* En CUÉLLAR, M. J. y FRANCOS, M. C. *Expresión y comunicación corporal.* Wanceulen. Sevilla.

- EXPÓSITO, J. (2010). *Educación Física en Primaria. La programación en la L. O. E.* Wanceulen. Sevilla.

- FERNÁNDEZ-BALBOA, J. M. y SICILIA, A. -coords.- (2005). *La otra cada de la enseñanza. La Educación Física desde una perspectiva crítica.* INDE. Barcelona.

- FERNÁNDEZ DEL OLMO, M. A. (2012). *Neurofisiología aplicada a la actividad física.* Síntesis. Madrid.

- FERNÁNDEZ GARCÍA, E. -coord.- CECCHINI, J. A. y ZAGALAZ, Mª L. (2002). *Didáctica de la educación física en la educación primaria.* Síntesis. Madrid.

- FERNÁNDEZ GARCÍA, C. (2011). *Actividades rítmicas dirigidas en Educación Física. Aeróbic, Aeróbic Latino y Cardiobox.* Wanceulen. Sevilla.

- FLECHA, J. R. y otros (2003). *Comunidades de aprendizaje: transformar la organización escolar al servicio de la comunidad.* En: Organización y gestión educativa: Revista del Fórum Europeo de Administradores de la Educación, Vol. 11, Nº 5/2003, págs. 4-8. Madrid.

- GÓMEZ LECUMBERRI, C. y otros. (2009). *Deporte e integración social: guía de intervención educativa a través del deporte.* INDE. Barcelona.

- GARROTE, N. (1993). *Educación Física y su contexto*. En MARTÍNEZ, V. -coord.-. *La Educación Física Primaria. Reforma, 6 a 12 años. Vol. I*. Paidotribo. Barcelona.

- GONZÁLEZ, M. (1993). *La Educación Física: Fundamentación Teórica y Pedagógica*. En VV. AA. *Fundamentos de Educación Física para Enseñanza Primaria (vol. I)*. INDE. Barcelona.

- HERNÁNDEZ, M. (1994). *Colección Juegos y Deportes Alternativos*. Autoedición. Madrid.

- HERNÁNDEZ FERNÁNDEZ, A. (2008). *Psicomotricidad: Fundamentación teórica y orientaciones prácticas*. Universidad de Cantabria. Santander.

- IMBERNÓN, F. (2007). *La formación permanente del profesorado*. Graó. Barcelona.

- JUNTA DE ANDALUCÍA (2007). *Ley 17/2007, de 10 de diciembre, de Educación de Andalucía (L. E. A.)*. B. O. J. A. nº 252, de 26/12/07.

- JUNTA DE ANDALUCÍA (2002). *Decreto 137/2002, de 30/04/02. "Plan de Apoyo a las Familias Andaluzas"*. B.O.J.A. nº 52 de 04/05/2002.

- JUNTA DE ANDALUCÍA (2006). *Orden de 15 de mayo de 2006, por la que se establecen las bases para impulsar la investigación educativa en los centros docentes públicos de la Comunidad Autónoma de Andalucía dependientes de la Consejería de Educación*.

- JUNTA DE ANDALUCÍA (2006). *Orden de 1 de septiembre de 2006, por la que se modifica la de 27 de mayo de 2005, por la que se regula la organización y el funcionamiento de las medidas contempladas en el plan de apoyo a las familias andaluzas relativas a la ampliación del horario de los Centros docentes públicos y al desarrollo de los servicios de aula matinal, comedor y actividades extraescolares*. B.O.J.A. nº 185, de 22/09/2006.

- JUNTA DE ANDALUCÍA (2007). *Resolución de 10/04/2007, de la D. G. de Innovación Educativa y Formación del Profesorado, por la que se aprueban Proyectos de Investigación Educativa y se conceden subvenciones*. B. O. J. A. nº 87 de 04/05/2007.

- JUNTA DE ANDALUCÍA (2010). *Decreto 328/2010, de 13 de julio, por el que se aprueba el Reglamento Orgánico de las escuelas infantiles de segundo grado, de los colegios de educación primaria, de los colegios de educación infantil y primaria, y de los centros públicos específicos de educación especial*. BOJA nº 139, de 16/07/2010.

- JUNTA DE ANDALUCÍA (2010). *Orden de 20 de agosto de 2010, por la que se regula la organización y el funcionamiento de las escuelas infantiles de segundo ciclo, de los colegios de educación primaria, de los colegios de educación infantil y primaria, y de los centros públicos específicos de educación especial, así como el horario de los centros, del alumnado y del profesorado*. BOJA nº 169, de 30/08/2010.

- JUNTA DE ANDALUCÍA (2015). *Orden de 17 de marzo de 2015, por la que se desarrolla el currículo correspondiente a la educación Primaria en Andalucía*. BOJA nº 60 de 27/03/2015.

- JUNTA DE ANDALUCÍA (2015). *Decreto 97/2015, de 3 de marzo, por el que se establece la ordenación y el currículo de la educación Primaria en la comunidad Autónoma de Andalucía*. BOJA nº 50 de 13/013/2015.

- LAGARDERA, F. y LAVEGA, P. (2003). *Introducción a la Praxiología Motriz.* Paidotribo. Barcelona.

- LANGLADE, A. y LANGLADE, N. (1986). *Teoría general de la gimnasia.* Stadium. Buenos Aires.

- M.E.C. (2013). *Ley Orgánica 8/2013, de 9 de diciembre, para la mejora de la calidad educativa.* BOE Nº 295, de 10/12/2013.

- M.E.C. (2014). *R. D. 126/2014, de 28 de febrero, por el que se establece el currículo básico de la Educación Primaria.* B.O.E. nº 52, de 01/03/2014.

- M. E. C. (2006). Ley Orgánica 2/2006, de 3 de mayo, de Educación (L. O. E.). B. O. E. nº 106, de 04/05/2006, modificada en algunos artículos por la LOMCE/2013.

- *MECD/65/2015, O. de 21 de enero, por la que se describen las relaciones entre las competencias, los contenidos y los criterios de evaluación de la educación primaria, la educación secundaria obligatoria y el bachillerato.* B.O.E. nº 25, de 29/01/2015.

- MENDIARA, J. y GIL, P. (2003). *Psicomotricidad. Evolución, corrientes y tendencias actuales.* Wanceulen. Sevilla.

- MONROY, A. J. y SÁEZ, G. (2008). *Historia del Deporte. De la Prehistoria al Renacimiento.* Wanceulen. Sevilla.

- MUROS, B. (2006). *La puesta en práctica de la Pedagogía Crítica: estrategias metodológicas críticas.* Monografías. Revista Tándem, nº 20, pp. 33-43. Graó. Barcelona.

- NAVARRO, V. (2007). *Tendencias actuales de la Educación Física en España. Razones para un cambio.* (1ª y 2ª parte). Revista electrónica INDEREF. Editorial INDE. Barcelona. http://www.inderef.com

- OÑA, A. (2005). *Actividad física y desarrollo: ejercicio físico desde el nacimiento.* Wanceulen. Sevilla.

- OTERO, J. (2012). *Tratado de bailes de sociedad. Regionales españoles. especialmente andaluces: con su historia y modo.* Tecnographic S. L. Sevilla.

- PARLEBAS, P. (2003). *Elementos de sociología del deporte.* I. A. D. Málaga.

- PARLEBAS, P. (2001). *Juegos, deportes y sociedades: léxico de praxiología motriz.* Paidotribo. Barcelona.

- PAREDES, J. (2003). *Teoría del Deporte.* Wanceulen. Sevilla.

- PÉREZ GÓMEZ, A. (2007). *La naturaleza de las competencias básicas y sus implicaciones pedagógicas.* Cuadernos de Educación de Cantabria. Consejería de Educación del Gobierno de Cantabria. Santander.

- QUINTANA, M. y GARCÍA, P. (2005). *Introducción a las Actividades en la Naturaleza.* Wanceulen. Sevilla.

- ROMERO CEREZO, C y CEPERO, M. (2002). *Bases teóricas para la formación del maestro especialista en educación física.* Grupo Editorial Universitario. Granada.

- SANCHO, J. Mª (2006). *Tecnologías para transformar la educación.* Akal. Madrid.

- SÁENZ-LÓPEZ P. (2002). *La Educación Física y su Didáctica*. Wanceulen. Sevilla.
- TORREBADELLA, X. (2013). *Gimnástica y educación física en la sociedad española de la primera mitad de siglo XIX*. U. de Lleida.
- VALLS, R. (2005). *Comunidades de Aprendizaje: una experiencia educativa de éxito*. En Revista Andalucía Educativa, nº 52, págs. 33-36. C.E.J.A. Sevilla.
- VÁZQUEZ, B. (1989). *La Educación Física en la Educación Básica*. Gymnos. Madrid.
- VICENTE, M. (1988). *Teoría pedagógica de la Actividad Física. Bases epistemológicas*. Gymnos. Madrid.
- VICIANA J. (2000). *Principales tendencias innovadoras en la Educación Física actual. El avance del conocimiento curricular en Educación Física*. Revista Digital. Año 5, N° 19. Buenos Aires.
- VILLADA, P. y VIZUETE, M. (2002). *Los Fundamentos teóricos-didácticos de la Educación Física*. Secretaría General Técnica del M. E. C. D. Madrid.
- VV. AA. (1993). *Fundamentos de Educación Física para Enseñanza Primaria*. INDE. Barcelona.
- ZAGALAZ, M. L. (2001). *Corrientes y tendencias de la Educación Física*. INDE. Barcelona.
- ZAGALAZ, Mª L.; CACHÓN, J.; LARA, A. (2014). *Fundamentos de la programación de Educación Física en Primaria*. Síntesis. Madrid.

WEBGRAFÍA (Consulta en octubre de 2015).

http://www.cnice.mecd.es/enlaces/educfisica.htm

http://www.cnice.mecd.es/recursos/primaria/educfisica/index.html

http://www.agrega2.es

www.juntadeandalucia.es/educacion/descargasrecursos/curriculo-primaria/index.html